光与影

——明治时代的逆贼与元勋

[日]鸟海靖 著　佟 凡 译

世界知识出版社

北京·2024

图书在版编目（CIP）数据

光与影：明治时代的逆贼与元勋 /（日）鸟海靖著；
佟凡译. -- 北京：世界知识出版社, 2024.8
（沧海集 / 欧阳博主编）
ISBN 978-7-5012-3761-6

Ⅰ.①光… Ⅱ.①鸟… ②佟… Ⅲ.①历史—纪传体—
日本—明治时代 Ⅳ.①K313.4

中国版本图书馆CIP数据核字（2020）第161924号

图字：01-2020-3913 号

书　　名	光与影：明治时代的逆贼与元勋 Guang yu Ying: Mingzhi Shidai de Nizei yu Yuanxun
作　　者	[日] 鸟海靖
译　　者	佟　凡
责任编辑	余　岚　刘　喆
责任出版	赵　玥
责任校对	陈可望
选题策划	张录宁
出版发行	世界知识出版社
地址邮编	北京市东城区干面胡同51号（100010）
网　　址	www.ishizhi.cn
电　　话	010-65233645（市场部）
经　　销	新华书店
印　　刷	北京盛通印刷股份有限公司
开本印张	880毫米×1230毫米　1/32　7½印张
字　　数	148千字
版次印次	2024年8月第一版　2024年8月第一次印刷
标准书号	ISBN 978-7-5012-3761-6
原版书号	ISBN 978-4-06-292081-0
定　　价	89.00元

◇ 中文版前言 ◇

明治维新是日本在封建社会向资本主义社会转变时期发生的自上而下的改革运动。从以江户幕府为中心的幕藩体制发生动摇到"黑船来航",从"尊王攘夷"到"奉还大政",再到戊辰战争、西南战争,直至 1889 年颁布《帝国宪法》,确立近代天皇制度,日本社会经历了深刻的变革。在这样跌宕起伏的历史进程中,涌现了众多具有鲜明特征的历史人物。《光与影:明治时代的逆贼与元勋》正是以这样的一个视角落笔,描绘了一幅明治时期波诡云谲的历史画面。全书共分七章,采用类似纪传体的写法,以人物为线索,用人物带动事件,佐以大量文献史料,记录了明治维新前后活跃在日本政治舞台上的重要人物的言行及所思所想。本书的一大特点,是作者在书中提出这一时期引人注目的话题及其对应人物,试图以最快的速度让读者产生兴趣。在对上述内容进行的精彩叙述中,读者能够清晰地看到在那个风云激荡的年代产生的激烈对立和抗争,从而对明治时期的日本历史有一定的了解。

本书作者鸟海靖,1934 年 1 月 21 日出生于东京,是研究日本近现代史的著名专家,东京大学名誉教授。1969 年,鸟海靖出版了第一部专著《大世界史 23:祖父与父亲的日本》,此后又陆续出版了数部学术著作。在学术研究之外，鸟海靖非常关注历史人物群像，曾编著《透过人物学历史：社会科人物资料集》等作品。1982 年，他完成了本书的首版。2011 年，本书再版。对于历史人物的重点描述，以及自身对于日本近代史的独到见解，构成了本书。2007 年，已经 73 岁的鸟海靖受邀出任第二期日韩历史共同研究委员会的日本方面委员长。此后，他接受日本放送协会（NHK）的邀请，担任描写日本明治维新时期的大河剧《坂上之云》的监制。

　　本书涉及的历史事件、历史人物较多，为便于读者阅读和理解，译者进行了大量考证工作，考证结果见于书中章后注。

　　特别需要指出的是，本书述及的明治时期是日本近现代史的开端。日本近现代史，一方面是通过明治维新迅速实现现代化的过程，另一方面也是走上军国主义道路，对外疯狂侵略扩张，最终在第二次世界大战中走向覆灭的过程。明治维新作为这段历史的开端，为其后一切重大发展埋下了种子。对日本近现代史及其人物的是非功罪善恶，世人早已作出裁决。本书作者的叙述、评价为研究佐证有关立场、观点提供了更多维度。

◇ 目 录 ◇

第 3 章　君临明治政界的双雄

第 4 章　初创期的政党领导者们

第 5 章　明治天皇与元勋们

第 6 章　被隐藏的日俄开战反对论

附　章　元老们与"危机时代"

后记一 / 228

后记二 / 230

第 1 章

"逆贼"们的明治

◇ 谋反者西乡隆盛的铜像 ◇

明治三十一年（1898年）十二月十八日，在天气越发寒冷的日子里，东京上野公园却聚集了各色人等，热闹非凡。数年来一直在上野公园建造的西乡隆盛铜像终于完工，将在当天举行揭幕典礼。当时的报纸这样报道：

"……当天，公园入口挂起了红白两色的国旗，会场设置在铜像周围，宪兵在四周巡逻警戒。从上午九点开始，来宾陆续入场。上午十点，委员们在工作人员的带领下进入会场，建设委员长桦山先生上台发表报告。接下来，揭幕委员长川村先生感谢从四面八方赶来祝贺的人们。聚集在这里的人，最南从西海台湾地区赶来，最北有自北海道前来的人。西乡隆盛先生的事迹不用赘述，他慈爱仁厚，因此今日前来观赏揭幕盛典的人，大多来自感受过先生的恩德之地。之后，山县侯献上祝词，川村先生代表胜先生朗诵了胜先生创作的和歌①。犹记昔年江都百万市民在两位英雄的带领下经过战火的洗礼，如今二位英雄在黄泉之下再次相见，一定能体会西乡伯当年的深谋远虑。铜像由西乡（从道）侯爵的千金揭幕。西乡隆盛先生右手牵着一条猎犬，左手按在腰间佩刀的刀柄处睥睨天下。先生因在征韩的论争中失败，与武村同志共同解甲归田后将霸气深藏于心，铜像表现了西乡公或手持铁锹下地耕作，或牵着猎犬追逐野兔时的姿态。腰间佩刀正是先生珍藏的四角护手直刃萨摩刀。（中略）

"此时乐队奏乐，场内响起经久不息的鼓掌喝彩声，来宾宫岛诚一郎发表祝词。此后，来宾一起进入博物馆五号馆内举行立餐会，学生及其他参观者在广场的帷幕中享用酒宴。参加此次宴会的大约有800人，其中最重要的来宾是山县、西乡、大山侯爵，田中、芳川、山本、青木等诸位大臣，黑田、胜、土方诸位伯爵，还有众多海陆军队中的人物，比如福羽、谷、榎本、伊东、九鬼、渡边、仁礼等。另外，维新前后与先生交情甚笃的英国驻日本公使佐藤也来到现场，令人感动万分……"（《东京朝日新闻》，明治三十一年十二月十九日）

彼时，西乡隆盛已经去世20多年，经过漫长的岁月，也许所有恩怨都随风而逝了吧。

尽管如此，这幅景象依然称得上奇妙。西乡确实是明治维新最重要的功臣之一，死后依然受到人民的爱戴，但他毕竟是士族暴乱的领导者，与政府为敌，被剥夺了全部官位和荣誉，以"逆贼"的身份离世。当然，明治二十二年（1889年）颁布宪法后，他的"逆贼"之名得以平反，并追赠正三位。但是，竟然可以为这样的人物在首都东京的大门口建起铜像，而且发表祝词的内阁总理大臣山县有朋正是西乡曾经想要打倒的政府代表……山县在西南战争时担任陆军卿，是讨伐西乡军的总指挥。

恐怕只有在日本才能看到这样的景象吧。无论列夫·达维多维奇·托洛茨基在俄国内战中立下了多么大的功劳，也无法想象他的铜像会竖立在莫斯科的中心，并且会由其政治宿敌斯大林在揭幕仪式上致辞。因此，建造西乡铜像一事，让当时住在日本的外国人颇为震惊。

"在欧洲各国，反抗当权者的人不仅会被斩首，还会被切断四肢。而在日本，明治天皇不仅原谅了西南战争中的大量谋反者，还允许在上野建造谋反者首领西乡的铜像，就连我们外国人都大吃一惊。"

面对日本政府对谋反者的宽大处理，明治初年供职于大学南校（东京大学的前身）的美国教师威廉·格里菲斯发表了以上感想。（筑波常治，《明治天皇》）

◇ "反面教师"法兰西 ◇

日本在极短的时间内发生急剧转变，完成了明治维新和为建设现代国家进行的改革，但其间并没有发生太多无法收场的混乱或流血事件。

当然，这次改革还称不上"无血革命"。西南战争是近代日本建设过程中最大规模的内乱，同时伴随着大量的流血牺牲。战争持续了 8 个月，政府军及西乡军的动员兵力合计 10 万以上，死者超过 1.3 万人。从鸟羽、伏见之战到箱馆战争，持续了 1 年零 5 个月的戊辰战争②中的死者人数尚且不满万人，可见西南战争的血腥程度远超戊辰战争。

但内乱平定后，明治政府对谋反者的处分却相当宽大。被判处死刑（斩首）的只有前鹿儿岛县县令大山纲良等两人。被判处徒刑的有将近 2500 人，不过 90% 以上的都是判处 3 年以下有期徒刑的。其余 4 万多人全部免罪。

英国著名日本问题研究者乔治·桑塞姆指出："萨摩之乱的结果在政治上产生了另一个巨大影响。政府领导者胜利后并没有对起兵叛乱的地区采取报复性措施，他们采取了通情达理、慷慨大方的方针，这让向来人才辈出的萨摩藩中有大量进步人士纷纷加入了政府。"（桑塞姆，《西欧世界与日本》）

让我们将此事与同一时期外国发生的事件进行比较。

与日本明治维新几乎同时，太平洋彼岸的美国爆发了南北战争。战争从 1861 年打到 1865 年，南北军 4 年中的死亡总人数达到 60 万人以上（中屋健一，《伟大的西部开发区》），是二战中美军阵亡人数的两倍，与明治维新的伤亡程度不可同日而语。

西南战争发生 6 年前的 1871 年，巴黎公社运动爆发。同年 5 月 21 日，法国政府军与攻入巴黎的公社军发生了激烈的巷战，被逮捕的公社派成员几乎全部被当场射杀。截至 5 月末，在十几天的时间里大约有 3 万名公社派市民死在了政府军手中（桂圭男，《巴黎公社》），相当于日本明治维新时期从"黑船来航"（1853 年）到西南战争（1877 年）这近 1/4 个世纪动乱过程中的全部死亡人数。当时，年轻的贵公子西园寺公望正在巴黎，作为少数目睹那幅凄惨情景的日本人之一，他在战争余烬未灭的四月二十六日（公历 6 月 13 日）给故国友人桥本实梁的信中写道：

"……政府军占据了优势，公社军败走。政府军在巴黎城内四散开去逮捕公社军，逮捕后立刻斩尽杀绝，道路上尸横遍野。"（芳贺彻，《明治百年的序幕》）

战争结束后，大约有 4 万人接受了军事审判，370 人被判处死刑，近 8000 人被判处流放、要塞拘留或强制劳动的刑罚，另外有多名犯人死在狱中。（桂圭男，《巴黎公社》）

众所周知，在大约 80 年前的法国大革命中，在雅各宾政权的恐怖统治下，大量反对派被处刑。1791 年 6 月 11 日（牧月③第 23 日），恐怖政治达到最高潮。同年 7 月 27 日（热月④

第 9 日），革命法庭宣布对 1285 人处以死刑。（马迪厄，《法国大革命》）

这些数字有力地证明了日本与法国在对待反叛者及政治反对派时会采取完全不同的措施。

众所周知，用现代化的词汇来说，明治的政治家们经常把法国当成"反面教师"。这并不仅仅是因为像大家普遍认为的那样，法国的共和制与以天皇为中心的日本"国体"格格不入。与政体不同相比，日本将法国当成"反面教师"更多是基于对历史现实的批判，认为不断重复的法国极端专制统治和与之反抗的革命军残忍的报复性流血会招致无止境的政治不稳定与人民困苦。

明治六年（1873 年）十一月，大久保利通刚从欧美视察旅行回国不久就起草了《有关立宪政体之意见书》，其中肯定了民主政治的巨大优势，"夫民主之政（共和政治），不以天下私于一人，广谋国家之洪益，遍达人民之自由，不失法治之旨，不违首长之任，实乃完具天理之本然者"，同时指出"然其弊在于树党结类，渐次土崩颓败之患亦不可测"，并且提到具体事例，"往时法兰西之民主政治，其凶暴残虐比君主擅制更甚，名实相悖，以致如此。此亦不可谓至良之整体"，否定了日本采用民主共和政治的道路。

将法国当成"反面教师"的不仅仅是政府中的政治家，就连受到法国思想强烈影响、活跃的激进派自由民权论者中江兆民，也绝对不认为法国共和制是值得日本学习的理想政体。他认为，比起法国，英国"君民共治"的君主立宪制更应该作为日本学习的典范。另外，自由党总理板垣退助⑤在明治十五年至十六年（1882—1883年）巡游法国后深感法国"政治社会的落后"，完全背离了他脑海中描绘的"自由民主的祖国"这一玫瑰色的期待，之后再三强调应该以英国作为日本议会政治、政党政治的榜样，而非法国。

"余每每读到英法两国近代史皆深有所感。从反动走向反动，从极端走向极端正是造成法国窘迫境地之原因。从路易十四到路易十六，反对极端专制的民主党走向大逆不道的另一极端，又促成了反对此极端的拿破仑帝政崛起。拿破仑失败后，查理王的暴虐统治又报复性地走向另一个极端，迎接它的同样是革命之反动。如是此消彼长，王室破灭，贵族败落，民主党同样走向衰败。在如此悲惨的反动祸乱中，革命前仆后继，社会始终在极端复仇中被蹂躏，人民会因为不得不持续忍耐种种痛苦而寒心，必须引以为戒。而英国正相反，虽不无反动但总是避免走向极端，故而王侯贵族并未全败，民权亦得以留存，后经数位有能之士修订润色，以至于建立起圆滑的立宪政体，此虽可谓偶然之结果，但其间又自有道理也。"（《东京朝日新闻》，明治二十八年十一月二十三日）

板垣针对法国不断地对反对派施以严苛的报复性镇压行动一事，提出了非常严厉的批判。无论是大久保、中江还是板垣，都实际考察过处于极不安定的共和国政治体制下的法国政治社会。因此，他们对法国的批判绝非基于书面知识和脱离实际的理解，而是有着很强的说服力。

◇ 被政府高官关照的"逆贼"们 ◇

对谋反者、反对派宽大处理确实是日本的一项历史传统。即使在幕末维新的动乱之中，这项传统也基本得到了延续。当然也并非没有报复性的大量残酷处刑，比如对水户藩天狗之乱的处罚。不过，从整体上看，那次严厉处罚反而是例外。

就像板垣退助指出的："有人认为，维新大政的变革颇为奇异。改革机构并没有失去其圆滑性，动乱后王政基本恢复平静，德川氏并未招致彻底溃败。另外，侯伯贵族皆得其所，而且此种万机决于公论的大诏一旦获颁，即让各阶级从前的恩怨一扫而空。"

政府首先拉弓引箭对准"逆贼"和"谋反者"，然后再赦免其罪提拔为政府高官，这样的例子在近代日本的历史中不胜枚举。

坚守箱馆五棱郭、与新政府军战斗到最后一刻的旧幕府海军总领榎本武扬，不仅没有因为谋反丢了性命，反而在监狱中生活超过两年半之后立刻被新政府任命为开拓使四等出仕官，不到两年后又一跃成为海军中将，被任命为驻俄特命全权公使。曾经和他一起对抗政府的旧幕府步兵奉行大鸟圭介也被任命为开拓使，后来成为驻清公使和枢密顾问。另外，同样是"五棱郭谋反者"之一的旧幕府大臣林董后来在外交领域不断晋升，在明治末期坐上了外务大臣之位。

榎本之所以没有丢掉性命，是因为背后有黑田清隆⑥、福泽谕吉⑦等人积极为他请命。特别是作为新政府军参谋、指挥了箱馆战争的黑田，他剃光头为榎本请命的事迹广为流传。新政府原本就认为榎本有以国际法为主，包括西洋学、西洋技术在内的丰富的西洋知识，必须充分加以利用。

尽管如此，榎本在明治十三年（1880 年）就任第三任海军卿一事还是让人大吃一惊。尽管政府心中有数，但是在普通人看来，明治政府将自身兵力的一半交给过去的"逆贼"依然是相当冒险的举动吧。顺带一提，明治六年（1873 年）担任第一任海军卿的胜海舟同样是幕府大臣出身。新政府在成立仅仅六年之后就将海军卿的重任交给了旧幕府大臣。

说起来，在条约修订和甲午战争的外交中崭露头角、如今依然有铜像立于外务省内的陆奥宗光⑧也曾经是一名"谋反者"。

明治初年，陆奥作为大藏省的青年官僚在修订地租条约的事业上作出了贡献。另外，在大久保利通、木户孝允⑨、板垣退助达成共识的大阪会议上，他也尽了自己的一份力。但是，明治十年（1877 年），西南战争刚刚爆发，身为元老院干事的陆奥就参与了立志社推翻政府的起义计划，亦即利用元老院的密电通知大江卓密谋举兵的计划。

他后来对此事闭口不谈，认为"此事是我这半生最大的灾祸，是家族历史上无法磨灭的污点，我不愿多言"（《伯爵陆奥宗光遗稿》），因此无从得知他为何参加，又在多大程度上积极参与了那项计划。明治十一年（1878 年）八月，他被判处 5 年监禁，在山形监狱和宫城监狱服刑 4 年多之后，于十六年一月出狱。面对投奔自由党还是回归官场的选择，他在万众瞩目中选择了后者。陆奥锐不可当的能力受到伊藤博文⑩、井上馨⑪等人的高度认可，他蒙受两人的知遇之恩担任驻美公使。明治二十三年（1890 年）五月，陆奥在山县内阁第一次改组时作为农商务大臣与芳川显正（文部大臣）共同入阁。

当时，明治天皇因为他的"前科"对这次调动面露难色。山县有朋首相向天皇奏请陆奥与芳川入阁时，《明治天皇记》中这样记录了天皇的态度：

"天皇略有迟疑，对有朋说，宗光在明治十年做出的事让人难以信任，显正也缺乏人望，提拔此二人还需三思。有朋回答，宗光过去的罪行已经赎清，如今留他在民间反而会做出妨碍政府的举动，不如提拔他，充分利用他的才干。如有再犯，臣愿负起责任，不敢劳烦天皇费心。（中略）有朋坚持提拔二人。天皇总算同意。"（《明治天皇记》，明治二十三年五月十七日）

此后，天皇屡次对陆奥见风使舵的态度以及身在政府内部却与民党暗通款曲的政治姿态表示强烈不满。明治二十五年（1892 年）第一届松方内阁选举干涉事件后，就在伊藤博文辞任枢密院议长、政党组织问题纠缠不清时，天皇对担任宫中顾问官的佐佐木高行表示了对陆奥的不满。

"陆奥此时言行不妥，同意伊藤辞职，同时赞成他下野组织政党。另外，他还在伊藤提交辞表时在内阁发表意见，表示伊藤政党仅占板垣势力的三分之一，形势不妙，由于其不断地以嘲讽的语气提出反对意见，令伊藤政党陷入困难境地。此事传到井上毅耳中，由于陆奥的反复无常，有人向德大寺侍卫长告密弹劾。加上去年议会解散之事陆奥表现出来的暧昧不明的态度，到了十二月二十四日，突然变成不在今天之内解散内阁的话就不行的紧迫态势，就连松方本人都大吃一惊。再加上解散的准备并不充分，而且机密评议的内容已然外泄他人，可见陆奥与改进自由两党均有关联，这在内阁成员中招致了很大不满，导致其无法全身而退。山县内阁起用陆奥一事看来非常失策也。

"特别是井上馨和伊藤博文十分爱惜陆奥的才智。陆奥恃才傲物，在内阁中屡屡提出反对松方的意见。他经常联系伊藤，并大放厥词说伊藤就算复职也无法挽回内阁的失败，这也让内阁众人颇为头疼。他能提出辞呈可谓幸事。"（《保古飞吕比——佐佐木高行日记》，明治二十五年三月十九日）

尽管如此，天皇依然在伊藤等人的强烈推荐下重用了陆奥。他在第二届伊藤内阁中担任外务大臣时在外交史上留下的业绩，与他作为内阁与自由党之间的桥梁在内政上发挥的作用自不用多言。顺带一提，在甲午战争时辅佐陆奥外相的外务次官正是此前提到的林董。当时，日本驻朝鲜大使是大鸟圭介，通商局长是出身"朝敌之藩"（盛冈藩）的原敬。推进甲午战争外交的外交当局首脑部门成员全部由所谓"旧逆贼集团"的人组成，这实在耐人寻味。也许这只是一次偶然，不过他们聚集在与国内政治斗争关系较小的部门也有其道理。

当然，由于萨长藩阀势力在政权中心占据着很大比例，派阀之外的人为了确立自己的地位，在各个方面的反抗并不会少。在维新时被冠以"逆贼"之名的人们，也许在他们内心深处对萨长势力的怒火之盛远远超出我们的想象。

柴五郎出身于会津藩士之家，被强行安上"逆贼"之名。他在戊辰战争的战火中失去了母亲与姐妹，其回忆录体现出对萨长势力的强烈怨恨，读来只令人觉得不寒而栗。他这样描述西南战争纪尾井坂之变时的西乡隆盛及大久保利通之死：

"此二位英雄在维新之际共谋武装起义，是以'必须引起世人注目才能成大事'为由血祭会津的元凶。无论此二人如今是多么重要的国家栋梁，余依然无法原谅。如今两雄已然为自己的专横鲁莽付出代价，余没有丝毫同情之意。两雄悲惨的结局是理所应得的终结，余为此只觉欣喜。"（石光真人，《一个明治人的记录——会津柴五郎的遗书》）

最近出现了很多从失败者角度描写明治维新的书籍，会津藩的悲剧命运多次成为文学作品和电视剧的题材。尽管从失败者的角度观察历史意义深远，但让我有些担心的是，这背后蕴含着自虐心态和强烈的受害者意识。我不否认，会津藩确实在明治维新时抽到了下下签。在戊辰战争中，会津藩的死亡人数高达 2557 人（包括 194 名女性，死者数量摘自修史局编《明治史要附录概表》），在同样与新政府抗争的奥羽越列藩同盟中也格外突出。

但是，无论从胜利者对失败者的角度来看，还是从当时的历史常识来看，战后新政府对会津藩及会津藩出身的人很难说有明显的不公。另外，会津藩出身者的晋升之路在维新后并没有被阻挡。白虎队的悲剧举世闻名，但不知为何，大众却忘记了白虎队的幸存者之一山川健次郎后来当上贵族院议员，成为东京帝国大学校长，被授予男爵爵位，最终坐上枢密顾问官之位的事实。上述回忆录的作者柴五郎也曾有可能在萨长派阀势力强劲的军部爬到最高的陆军大将、台湾军司令官之位。恐怕是他对藩阀势力的强烈反感以及他企图洗刷"逆贼"污名的执着，成为支撑他在"体制内"出人头地的能量吧。

◇ 明治维新是"反革命"吗？ ◇

我能想到，对我提出的以上见解会出现统一的批评意见。明治政府之所以对旧幕府势力等反对派采取宽容的态度，不外乎是为了证明明治维新与法国大革命等西欧各国的市民革命相比极不彻底，是"反革命"的。也就是说，明治维新是为了镇压农民起义或贫民暴动等以"人民起义"为原动力的"从下至上的革命"，是"从上而下的改良"，是封建统治阶级中一部分改良主义者害怕封建体制全面瓦解而选择的妥协，通过取消封建制，在天皇周围重新组织全国势力，试图建立新的"人民压制体制"，因此要将内乱控制在最小限度内，没有全面清扫旧幕府势力，而是选择了妥协。众所周知，类似此等阐述有关明治维新的思想流派，至今依然在日本历史学界占据颇具话语权的一席之地。

但是，对旧幕府势力的处理方法和维新变革的内容原本就是完全无关的两件事。明治政府确实大体上对旧幕府势力采取了宽大的态度，将众多旧幕府时代的人才吸收进新政府，但这绝不意味着明治维新变革的不彻底或者具有"反革命性"。我不打算在这里展开讨论明治维新的"本质"及其与西欧市民革命的比较研究，简单用一句话来说，我认为之所以会出现明治维新不彻底或"反革命性"的论点，前提是日本历史学家将西欧市民革命，特别是法国大革命的"革命性"进行了传统意义上的神话化处理。对此，著名的法国革命史研究家井上幸治有如下一段意味深长的论述：

"恐怕高中课本上也是这样写的，法国大革命因为有人民的参与，雅各宾派获得了极高评价。这是理所当然的，但讲座派[12]从定义市民革命本质的角度观察法国大革命时一定会提到土地革命。平野义太郎和服部之总也认为，法国大革命将封建领主及地主的土地没收后分给了勤劳的农民，也就是说，市民革命的本质在于从一切土地所有者手中没收土地并将其国有化，然后无偿分配给作为生产者的农民。我此前或许已经提到，日本史学家现在依然继承了这种传统定义，远山茂树也认为法国大革命是一场贯彻始终由人民发起的农民斗争。而我在上学时从法国革命史研究者的书中却看到了不同的观点，因此十分困惑。我明白法国大革命是彻底的市民革命，确实彻底粉碎了领主制的法律构造，但并没有将所有贵族、领主的土地国有化，作为教会财产的土地和反革命亡命贵族的土地中只有10%的所有权发生了变化，而且采取了售卖的方式，革命性地创造了土地市场，而购买土地的多是拥有资金的富农和资产阶级。法国大革命确实是人民参与的农民斗争，但是否贯彻到底了呢？

"如今，我们脚踏实地进行实证研究的想法已经发生了相当大的改变。"（井上幸治、江口朴郎，《近代的危机》）

就像井上幸治提到的，法国大革命的"神话化"甚至深深根植到了初高中的历史教育中。我手边的中学历史教科书教师用书中依然写着要让学生理解"法国大革命解放了土地，并将土地无偿提供给农民"。

恐怕这种由部分势力在法国大革命的过程中所宣传的"理念"，恰好被误解成了实际发生的事实。上述井上先生的发言中也提到，正因为是以这种与事实截然相反的"神话化"为标准来理解明治维新，才会出现此前严重扭曲的明治维新观。

但是，如果摆脱"神话化"，将西欧市民革命的"现实"与明治维新的"现实"进行比较，很难明确明治维新是不彻底的、反革命的。不仅如此，明治初年在日本的西方人及关注日本的西方人大多担心明治政府的各项改革过于激进。1882年，德意志皇帝威廉一世接见了出访德国考察宪法的伊藤博文，席间提出以下忠告：

"我听说贵国要在复兴帝权后废除所有诸侯，士族权利也

会大幅减少。就算这是慎重考虑后得出的必要结论，依然是太过于激进的改革。"（《青木周藏自传》）

这可以说是欧美各国对明治初年日本政府推进的变革的普遍评价。

◇ 从反对派中提拔的人才 ◇

在近代日本，值得注意的一点是，这样"过于激进的改革"很多时候并不会出现流血肃清，反而会从反对派的阵营中任用各个领域的人才。

比如，经常会有人指出，明治初年，萨长土肥等打倒幕府的大藩出身的人占据了大部分政府高级官僚的席位。但与此同时，"藩阀政府"中任用了很多旧幕府大臣——其中大部分是陪臣出身，我们不能忘记他们丰富的西洋知识和优秀的行政能力在政府近代化政策的推进中所起到的巨大作用。从数量上来说，恐怕旧幕府大臣在官僚中甚至占据着更高的比例。在明治维新中，幕府及旧幕府大臣团体发挥的作用如今还没有得到深入研究，这也许是战后成为研究主流的马克思主义路线会以萨长倒幕派的行动为主轴研究明治维新的原因，这一点与过去从明治政府角度出发的"王政复古观"路线具有神奇的一致性。

另外，明治中期时，政府起用了不少自由民权派及民党势力中的人才。明治二十二年（1889 年），明治宪法颁布。随着日本踏出成为立宪制国家的第一步，当时的总理大臣黑天清隆无视政党的意见，发表了著名的超然主义方针，表明政府将贯彻执行自己的政策，但并非像字面意义上那样排除政党势力。黑田内阁任用民党中立宪改进党实际最高领导者大隈重信为外交大臣，另外让当时最大的反政府势力大同团结派（自由党系）首领后藤象二郎[13]入阁担任递信大臣[14]，同时与旧自由党总理板垣退助商谈入阁事宜。

众所周知，以宪法为首，明治国家的诸多制度、法律都承袭自德意志帝国，但是在俾斯麦当权的二十年间，下院的第一执政党国民自由党都未能获得阁僚的一席之地。与贯彻实施了字面意义的超然主义的德国相比，明治政府的政权构成和运用政权的方式可以说十分特殊。

长期居住在日本、在日本政界高层拥有众多知己的德国医生贝尔兹博士这样评价素有"日本俾斯麦"之称的伊藤博文：

"伊藤经常被人称为'日本俾斯麦'，他本人对此不置可否。从成就上来说，他自然当之无愧，但他的外表和行事方式与俾斯麦之间完全没有相似之处。伊藤身上几乎完全看不到'铁血宰相'的一面。"（菅沼龙太郎译，《贝尔兹日记》）

Japan Mail（《日本邮报》）的主笔普林克利对伊藤有过

同样的评价，恐怕这不光是由于伊藤个人的性格，更多的是反映了明治政府的政治管理理念。

当然，明治时期的日本在建设现代国家时，无论是政府派还是反政府派都有共同的伟大目标，这就是在外部压力下维持并加强国家之独立性，将日本建成能在国际社会上与欧美列强并肩的强国。因此，与其彻底打倒或全面排除政治上的反对势力，不如从反对势力中不断吸收对国家有用的人才，做到人尽其才，这才符合实现此伟大目标的现实要求。

另外，需要指出的是，与相对保持着较高同质性的日本相比，德国在民族、宗教、阶级上存在更多差异。因此，俾斯麦采取强硬手段推进了德国的统一，而日本则没有必要采取与德国类似的"铁血政策"⑮。

◇ **有效利用左翼活动家** ◇

将反叛者再次培养成对国家有用的人才，这项措施在昭和初期政府处理左翼运动的过程中发挥了更大的威力。

此前的昭和史研究文献中，经常会着重强调政府治安当局在多数场合会对左翼运动，特别是共产主义运动采取严酷的镇压手段。从某一方面来说，这固然是实情。然而，如果忽略与之相辅相成的日本独特的"温情主义"——政府在"严酷镇压"的同时，依然会允许反叛者们回头选择新的道路，吸收他们成为政府官员，则很难构筑出立体的昭和初期历史风貌。

政府治安当局确实以臭名昭著的《治安维持法》为武器对共产主义运动采取了严厉的取缔措施，取缔对象范围很广，不仅是实际发生的行为，还包括人们的精神层面。昭和三年（1928年）三月，全国范围内同时发生了大量检举共产党相关人员的行为，共有 488 人被起诉（"三一五"事件）。当年六月，政府当局颁布紧急敕令，修订了《治安维持法》，其中第一条规定对"以变革国体为目的的结社行为的组织者和参加者以及其他指导者和从事其活动的任务者"处以最高刑的死刑。此处修正案，加重了刑罚力度，扩大了镇压范围。众所周知，此后这项法律与监视思想犯的制度及预防拘禁制度，在广泛取缔反政府言行的行动中一起发挥了巨大威力。

但尽管如此，必须注意《治安维持法》中的死刑规定在实际中并没有被贯彻执行。因此，就算是宣扬"打倒天皇制度"（改变国体）的共产主义者，只要能够承认"错误"，表明"转向"的意愿，就会在量刑及出狱后回归社会时受到极为宽大的处理。当时，很多与政府和军部相关的人出狱后在就职方面受到照顾之事也并不罕见。

昭和八年（1933 年），日本共产党中央委员长佐野学[16]在狱中发表了《告共同被告同志书》这样的联合"转向"声明。自此以后,共产党党内人员开始了翻天覆地般的"转向",此事在当时十分著名。据说,当时被判处无期徒刑的佐野在几年后出狱,在陆军军方的安排下赴中国工作。

曾参加左翼活动的人"转向"后担任政府官员的例子屡见不鲜,比如中日战争爆发后不久,在军部的强大后援支持下成立了建立经济体制的综合国策机关企划院,起用众多旧左翼相关人员担任调查官等中坚阶层的官僚。其中包括不少曾经因为违反《治安维持法》而被检举的人,比如正木千冬(东大毕业,违反《治安维持法》,暂缓起诉)、胜间田清一(京大农学部毕业,暂缓起诉)、稻叶秀三(京大文学部毕业,暂缓起诉)、佐多忠隆(东大经济学部毕业)、和田耕作(京大经济学部毕业)、冈仓古志郎(东大经济学部毕业,暂缓起诉)、玉城肇(东北大学法学部,两年有期徒刑、缓刑五年)、直井武夫(同志社大学中途退学,两年有期徒刑、缓刑五年)等。(宫地正人,《企划院事件》;我妻荣等,《日本政治审判史录·昭和后》)

当时,军部及企划院一直在研究以苏联及德国纳粹为榜样的统制经济[17]及计划经济,对他们来说,在执行国策方面通晓马克思主义经济学的人才应该十分珍贵。此后,财经界和信奉纯粹日本精神主义的观念右翼[18],以及受到这些人影响的治安当局对以军部和革新官僚为中心推进的统制经济抱有很强的戒心，认为这是"社会主义道路"，于是对其发起了猛烈反击。企划院的官员中也出现过再次因违反《治安维持法》而遭到检举、吃了苦头的人（《企划院事件》）。另外，不少战后日本社会党的领袖就出自这些企划院的革新官僚，这恐怕也可以说是历史的讽刺性吧。

总而言之，在如今活跃于财经界、保守政界、官僚界、言论界和学界等所谓的"体制内"领导中，可以轻易找到曾经的左翼活动家。这是日本精英们无论战前战后都没有发生改变的人生路线。在日本大众眼中，这是理所当然的，他们会认为年轻时没有左翼思想的人反而有些不正常。最近，甚至有管理者认为，"想在激烈的企业竞争中生存下来，必须拥有学生时代担任过学生运动领袖的热情和领导能力"，因此他们喜欢录用参加过学生活动的人。

我听说，如今伦敦当地的出租车司机之间都在传，去马克思墓祭拜的日本游客很多，财经界的重要人物尤其喜欢前去祭拜，这让英国人难以理解。不过，也许在日本财经界人士看来，这就像来到年轻时的"恋人"墓前祭拜，能够让他们沉浸在青春时代"久远而美好"的回忆中吧。

◇ 缺乏独裁与肃清的日本 ◇

不过，日本在 1930 年至 1940 年的同盟国德国的领导者，实在很难理解日本政府当局给"转向"的共产主义者优厚的待遇，并且让他们再次坐上国家重要职位而为国效力的用人方式。

日本某位内务官出访纳粹德国，在与党卫队首领海因里希·希姆莱交换治安问题意见时记下了当时的情景：

"他（希姆莱）问道：'日本会对共产党员处以死刑吗？'我告诉他，法律规定上存在死刑，但实际上至今为止尚未执行过。日本共产党员会被送进监狱学校接受教育，自我反省后如选择'转向'，政府便会既往不咎。他惊讶地反问：'这在德国是不可想象的，其中有什么原因吗？'我向他解释了各种关于'因为他们认识到了日本的国体观念'的含义。"（田中内务事务官，《希特勒与德国近况》，刊载于《警察协会杂志》四三二号；桥川文三编，《日本百年 4 · 亚洲解放之梦》）

纳粹党（民族社会主义德意志工人党）与德国共产党都是魏玛共和国体制下最大的反体制势力。两党在一段时期甚至达成合作，以打倒魏玛共和制及社会民主主义势力为共同目标。但是，在纳粹掌握政权的同时，首先做的就是排除共产党。德国纳粹党当时以国会纵火案为契机，毫不留情地彻底镇压共产党的事件非常有名。此后，纳粹相继击垮了社会民主党及其他政党，并且肃清了纳粹党党内的反对派。纳粹党领导者将"反叛者必须死"当成"常识"，当然无法理解完全脱离他们常识之外的日本国情。

说到底，在第二次世界大战期间，以大政翼赞会及翼赞政治为代表的日本特色"一党专政"组织与德国纳粹独裁完全不同，并没有彻底肃清、排除反对派，完全由自己的党派独占政权。尽管日本形式上将既有政党解散成一个全国性的政治组织，采取"一党专政"的模式，但绝不是排除其他政党，不过是将从右到左诸多党派集中在了大政翼赞会及翼赞政治旗下，与纳粹党拥有强大领导力的一党独裁体制相去甚远。

一般在遇到危机状况时，政权构成会走向两个极端：一个是排除所有反对派，以单一党派牢牢掌握政权；另一个是尽可能招揽所有反对派组成"全国统一政府"。日本通常会选择第二种方式。可以说，大政翼赞会及翼赞政治体现了最典型的日本传统。

近代日本就算在面对明治维新那样的大变革时，或在日俄战争及太平洋战争那样赌上国运的战争中也没有诞生出罗伯斯庇尔或者希特勒那样的独裁者。明治初年政府内部因"征韩论"[19]而分裂后，实力最强的大久保利通受到反对派的强烈指责，后者批判他采取"官僚专制"或"大久保独裁"。但只要稍微看过明治初年政治史料的人便能了解，大久保利通并非真正的独裁者。

另外，明治宪法体制下的"权力分割"从制度上杜绝了独裁者的出现。就连在面对前所未有的危机——太平洋战争时，以陆军强大势力为后盾掌权的东条英机都未能自由地行使权力。东条英机以现役军人的身份组阁，是日本内阁史上唯一兼任陆军大臣的总理大臣，在历代首相中拥有极大权力，但是由于"统帅权独立"的壁垒，他无法干涉统帅权力。当东条英机为了解决国务与统帅权不能兼得的问题打算兼任参谋总长时，等在他面前的是重臣及海军等反对派的指责与倒阁运动，指责他"干犯统帅权"[20]"违反宪法"。东条出动宪兵在一定程度上取缔了倒阁运动。不过，他在处理倒阁运动时依然遵循日本传统，没有肃清反对派，而是采取了改造内阁、包容反对派、让重臣入阁的手段。

但是，东条英机为了给重臣提供职位，要求国务大臣岸信介辞职，却遭到拒绝。他甚至无法让一位职位较低的大臣辞职，最终被迫下台。几乎就在同一时期，德国正好发生了暗杀希特勒未遂事件，希特勒为此逮捕并处死了包括国防军首脑等在内的数千人。

这两件事极具象征性，鲜明地体现出第二次世界大战中轴心国最核心的两国最高领导对反对派处理方式的差异性。

日本以高度同质化的社会为基础，无论是好是坏都有着浓厚的集体主义倾向，不愿意看到也不会接受脱离集体的个人存在。因此，日本并未出现拥有强大领导能力的独裁政治领导者，也没有出现过彻底肃清反对派的行动，不，应该说没有这个必要。也就是说，就算不进行彻底肃清，日本也相对容易团结起来，容易实行"全国统一政府"体制。战前的日本从结果上来看是推举出了拥有强大权力的绝对领袖天皇，在将其神格化的同时置于象征性的位置上，实际由多个有势力的领导者以集体领导体制管理政治事务。明治国家的元老就是典型的例子。

在缺乏独裁与肃清的近代日本政治中，对拥有政权的人最重要的要求就是找到各方政治势力的平衡。随着时代的发展，需要平衡的势力从藩阀内部的萨派及长派、藩阀官僚派及政党变成了军部与官僚、陆军与海军等，如今自然是执政党内部各个派阀的平衡。谨慎平衡各个党派，保持各党派的和谐并调节各方面复杂的利害关系，不能完全将反对派看成敌人，要让整个组织的意见走向同一个方向。这就是管理的要诀，是政治领导者应有的姿态。不光是在政治方面，这项要诀在日本各个领域的组织管理中也从来没有改变过。

◇ 大鹏型的柔性结构 ◇

我认为，日本社会的其中一项特质可以用以下比喻来说明。在以前的相扑界，有两位全盛时期的力士分别叫作大鹏和柏户，两人的一位对手对两人摔跤手法差别的解释意味深长：

"当我面对面一头撞向柏户时，就像撞在了一块铁板上，力量被狠狠地反推了回来。而面对大鹏时则完全没有被击中的感觉，就像撞在了一块海绵上，软绵绵的，仿佛力量都被吸收了。"

众所周知，大鹏的摔跤方法虽然略微少了些豪爽，但稳定性很高。日本的政治社会缺乏强大的独裁与对反对派的残酷肃清，对"反体制"运动采取宽容的态度，将一切力量吸收进"体制"内，明显是大鹏型方法。

毋庸置疑，这种由"利用及串通"支撑的传统"柔性构造"正是保障日本政治社会稳定性的重要条件。恐怕在这种社会性的精神土壤中，"反叛"也很难彻底发挥出原本的功能吧。如果反叛者身处的环境不允许他们回归正常社会，人们一旦踏上"反叛"之路，面对不打倒敌人就会被打倒的事实，他们的反叛毫无疑问会极为激烈而严肃。从这个角度来说，真正以"反体制"为目标的"革命家"对权力者提出的第一项要求恐怕应该是更严格地镇压反体制运动吧。

【译者注】

① 和歌：一种日本传统韵文，盛行于平安时代。今则专称节奏为五、七、五、七、七共三十一音的短歌形态之抒情诗。

② 戊辰战争：1868 年（戊辰年）1 月 3 日，明治天皇发布《王政复古大号令》，废除幕府，令幕府将军德川庆喜"辞官纳地"。1 月 8 日及 10 日，德川庆喜在大阪宣布《王政复古大号令》为非法。1 月 27 日，以萨、长两藩为主力的天皇军 5000 人，在京都附近与幕府军 1.5 万人激战，德川庆喜败走江户，戊辰战争由此开始。天皇军大举东征，迫使德川庆喜于 1868 年 5 月 3 日交出江户城，至 11 月初平定东北地区叛乱诸藩。1869 年春，天皇军出征北海道，于 6 月 27 日攻下幕府残余势力盘踞的最后据点五棱郭（在函馆市），戊辰战争结束。

③ 牧月（Prairial）是法国共和历的第 5 个月，对应公历 5 月 20 日至 6 月 18 日。

④ 热月（Thermidor）是法国共和历的第 11 个月，对应公历 7 月 19 日至 8 月 17 日。

⑤ 板垣退助 (1837—1919 年)：日本自由民权活动家。土佐藩士出身。明治维新运动的参加者。明治初年任参议。因倡言"征韩"未被采纳而辞职。曾建议设立"民选议院"。后组织立志社、爱国社，成为自由民权运动领袖之一。1881 年成立自由党，后任立宪自由党总理。不久脱离自由民权运动。1896 年任内相。1898 年与大隈重信联合组阁，再任内相。晚年退出政界。

⑥ 黑田清隆（1840—1900年）：日本第二任内阁总理大臣（首相），元老。萨摩藩人。积极投身倒幕运动，参与建立萨长联合。戊辰战争时任监军、参谋。后任明治政府兵部大丞、开拓使长官及参议等职。1876年代表日本政府签订了《日朝修好条规》（即《江华岛条约》），迫使朝鲜打开国门。

⑦ 福泽谕吉（1835—1901年）：日本明治时代启蒙思想家。早年学习西学。1858年在江户（今东京）设塾（即庆应大学前身）讲学。曾3次游历欧美，著书介绍诸国情况，宣传资产阶级的自由、平等和民主，在明治维新前后，有很大影响。

⑧ 陆奥宗光（1844—1897年）：日本外相（1892—1896年）。和歌山藩士出身。早年参加推翻幕府运动。明治维新后，历任外务大丞等职。1888年任驻美国公使。1892年起任外相。1894年参与策划发动中日甲午战争。次年与首相伊藤博文参加马关谈判，强迫清政府签订《马关条约》。

⑨ 木户孝允（1833—1877年）：日本政治家，亦名桂小五郎。长州藩士出身。明治维新时期倒幕派中心人物之一。1868年参与策划推翻幕府、建立维新政权的"王政复古"政变。维新初参与起草《五条誓文》。主张强化内治，反对"征韩"。

⑩ 伊藤博文（1841—1909年）：日本首相。长州藩士出身。参加尊王攘夷运动和明治维新运动。1885年起四任首相。1888年起三任枢密院议长。1900年创立政友会并任总裁。执政期间发动中日甲午战争，强迫清政府接受《马关条约》，并将韩国置于日

本统治之下。1905 年起任"韩国统监"。在中国哈尔滨被韩国爱国志士安重根击毙。

⑪　井上馨（1836—1915 年）：日本政治家、实业家。明治、大正两朝元老重臣，幕末以及明治时代的活跃人物。

⑫　讲座派：昭和初期日本资本主义论战中与劳农派对立的一个学派。在野吕荣太郎领导下，1932—1933 年出版的《日本资本主义发展史讲座》阐述了该派的主张，故称讲座派。该派的理论指出，日本资本主义的基础是半封建的土地所有制和半农奴的零散的土地耕种方式，强调日本社会的半封建性。

⑬　后藤象二郎（1838—1897 年）：日本幕末至明治时代武士（土佐藩士）、政治家、实业家。正二位勋一等伯爵。土佐三伯（后藤象二郎、板垣退助、佐佐木高行）之一。

⑭　递信大臣：明治初年递信省的最高长官，主要掌管邮政、电报、电话、简易生命保险以及船舶业务。递信省建立于 1885 年，1949 年被拆分为邮政省和电气通信省。

⑮　铁血政策：普鲁士首相俾斯麦于 1862 年提出的通过王朝战争实现德意志统一的政策。其中，"铁"指武器，"血"指战争。俾斯麦代表容克地主贵族和大资产阶级利益，竭力主张以强权和武力统一德国。俾斯麦针对阻碍德国统一的强大的国内外势力而采取的武力统一德国的"铁血政策"，是实现德国统一的强有力的手段。

⑯　佐野学（1892—1953 年）：日本共产党领导人。1918 年

参加创立新人会。1922 年参加日本共产党，任中央委员。1927 年任日共中央执行委员长。1928 年出席共产国际六大，并当选执行委员、常务委员。1929 年 6 月在上海被捕，曾领导法庭斗争。但 1933 年与锅山贞亲发表"转向"声明，开大量叛党的恶劣先例。

⑰ 统制经济：在资本主义生产关系的前提下，国家财政为服从战争需要，依靠行政的法律手段，直接干预或管制生产、流通、分配等社会再生产的各个环节和国民经济各个部门，是一种高度专断集权的资本主义战时经济模式。统制经济的全面实行，就是战时经济体制确立的表现。

⑱ 观念右翼：并没有真正的意识形态上的追求，追求的只是一个"右翼"的观念，实际上是在为政府或者财阀服务的一类"右翼组织"。

⑲ "征韩论"："征韩"两字，顾名思义，就是征服朝鲜半岛。"征韩论"即日本针对朝鲜的一种对外扩张的论调。早在幕府末期，日本政府就提出了"征韩论"。明治维新以后，明治政府继承了幕末"征韩论"。

⑳ "干犯"："干涉和侵犯"；"统帅权"：最高军事指挥权。

第 **2** 章

掌握维新之"舵"的领导者们

◇ 明治维新三杰 ◇

大久保利通①在明治十一年（1878 年）五月被暗杀前不久，将明治维新的各项事业按照日程分成了三个时期，并将其中的意义阐述如下：首先是从明治元年到十年，这段时期是兵荒马乱的创业期；从十一年到二十年是真正完善内政，培养民营企业，即真正改造国内体制，推进国家建设的时期；最后一个时期是二十一年到三十年，要保护新体制，将其交到后人的手中。大久保利通表示自己将竭尽全力守护国家直到第二时期，结果，他的生命在创业期末期就结束了。此后，从明治十年到十一年，维新三杰相继去世。

众所周知，西乡隆盛死于西南战争。在西南战争进行得如火如荼、西乡军与政府军激战正酣之时，木户孝允因病身亡；木户死后第二年，大久保利通由于士族的不满而遭到暗杀。明治十年到十一年可以说是明治维新领导者改朝换代的时期。

在明治维新三杰中，西乡最为年长，生于文政十年（1827年）；大久保利通比他小 3 岁，生于文政十三年（1830 年）；木户年纪最小，生于天宝四年（1833 年）。三人几乎属于同一代人，被世人并称为"维新三杰"。

明治二年（1869 年）六月，新政府论功行赏，西乡位居正三位，赏典禄 2000 石。木户、大久保位居从三位，赏典禄1800 石。可见，在当时，西乡在三人中依然处于较高的地位，至少在打倒幕府之前，三人都在各个领域发挥了最高领导者的作用。不过，若是单独分析各个领域，依然可以轻易找到比他们活跃度更高的人，比如长州人大村益次郎在军事战略上的杰出才能在戊辰战争，特别是讨伐彰义队等战斗中可以说取得了最大的功绩。另外，土佐人坂本龙马 ② 在搭建萨长同盟的沟通桥梁方面，以及提出公议政体论及大政奉还的构思方面可谓当时的第一人。

将孤立的长州藩强行拉进倒幕运动的则是高杉晋作。如果回到更早的时间段，吉田松阴作为尊王攘夷及倒幕思想家对后人思想上的影响无人能及。虽然在不同的领域，有人作出了比西乡、大久保、木户更大的成就，但是提到长期在明治维新，至少在幕府倒台前活跃于各个领域中的领导者，这三人是当之无愧的三杰。

20 世纪 60 年代后期，我去鹿儿岛旅行时因西乡隆盛在当地的人气之高而大吃一惊。与他相比，大久保利通完全不受欢迎，至少在当地几乎不被认可。鹿儿岛市内随处可见西乡的遗迹，而想要找到大久保的遗迹则十分困难。这在一定程度上反映了新政府成立后两人的悬殊地位。

新政府成立后，比起在政府中工作的时间，西乡更多的时间是在故乡度过的。与他相比，大久保从新政府成立直到去世始终作为政府的最高领导者活跃在政坛上。也就是说，大久保总是从国家整体的立场出发，甚至会为了国家利益损害乡党的利益。因此，西乡在本地的人气远远超过他或许也是理所当然的。此外，这其中还包含着同情弱者的情绪，西乡在西南战争中悲剧性的死亡让他的人气更上一层楼。大久保被暗杀身亡，尽管他的死充满了戏剧性，但是与以"朝敌"的身份死去的西乡相比少了很多悲剧性。再加上西乡格外朴素的私生活很容易激起平民的亲近感。当然，大久保的权力意志远远强于西乡，西乡对权力无欲无求，在新政府成立的同时立刻放弃显耀职位回到故乡，这也是西乡人气增加的重要原因。

当然，从专业政治家的观点来看，权力意志强自然是必要条件。特别是对大久保来说，在新政府成立后的十多年中，他始终坐在权力的宝座上，这让他无法避开困难的局面，也意味着他并没有在出现困难时撒手不管，不负责任地归隐故里。从这一点来看，具有强大的权力意志可以说是作为一位优秀政治家的重要条件。

不过，奇怪的是，在大众价值观中，总是习惯于将权力意志弱看成政治家的美德，在这一点上大久保也完全不受欢迎。

政治家也会分为受专业人士认可的类型和受普通人欢迎的类型，像西乡那样缺乏权力意志，对权力无欲无求且私生活朴素的人往往会受大众欢迎，但在政治家同僚与专业人士中，在最关键的时刻放弃自己的任务回归于田园悠闲生活的政治家，恐怕不会得到太高的评价。

明治维新三杰活跃的舞台和三人的个性都有很大的不同。

◇ 西乡的军事手腕 ◇

西乡主要活跃在军事舞台上，特别是在幕末动乱时期，他掌握军事大权后建立了卓越功勋，其最大的功绩当然是率领萨摩藩兵强行走上了武力倒幕的路线。特别是在德川庆喜上表大政奉还、图谋掌握政局主导权时，倒幕派对此予以反击而发动了王政复古的军事政变，强行挑起鸟羽、伏见之战③，最终迫使江户开城④的过程中，西乡隆盛发挥了极为重要的作用。那段时期，他与大久保这对组合配合得也很顺利。

通过王政复古建立新政权后，政府要求德川庆喜必须"辞官纳地"，并辞去将军职位和头衔。在德川幕府根基动摇后，西乡以萨摩藩邸为根据地在江户城中大肆破坏社会治安，引发幕府警卫在萨摩藩的藩邸放火挑衅。萨摩藩邸被烧的新闻传到大阪后引发了鸟羽、伏见之战。随后，西乡率领新政府军攻入江户，与胜海舟谈判后令江户开城。西乡奉献了一场精彩的表演，甚至可以说整个过程都是他的独角戏。

不过，从那以后，西乡的出场越来越少。特别是在讨伐彰义队的上野战争中，他甚至让长州藩的大村益次郎抢占了领导职位。西乡由于将市内管制的工作全权交给了胜海舟，对武力讨伐彰义队一事完全提不起兴致。与他相反，大村益次郎态度强硬地主张讨伐。西乡派的参谋，即后来被人怀疑为大村暗杀事件幕后黑手的海江田，当时由于其反对武力讨伐与大村发生了激烈论战。西乡最终将此事完全交给了大村，表示认可大村的计划。大村制订了全部作战计划，将萨摩藩兵部署在他认为会发生最激烈战斗的黑门口。大村当然事先征求了西乡一人的同意，两人见面时的一段对话广为流传。据说，西乡听了他的计划后问"牺牲所有萨摩兵是朝廷的意思吗"，大村沉默片刻后只说了一句"正是如此"。西乡最终下定了决心。

当时，西乡派的参谋们对大村有强烈的反抗意识，不愿意听从他的指挥。西乡召集参谋们要求他们暂且听从大村的指挥。因为西乡胸怀宽广，萨摩藩兵暂时同意在大村的指挥下参加讨伐彰义队的作战，但恐怕他们的心中一定都抱有强烈的不满。从那以后，西乡的行为奇怪地缺乏生机，从讨伐会津到箱馆战争都没有实际参加战斗。每次当他慢慢腾腾地起身奔赴战场时，战争往往已经接近尾声，他总是晚到一步而赶不上真正的战斗。戊辰战争刚刚结束，他就回到鹿儿岛过上了悠然自得的生活，似乎对中央政府抱着强烈的不信任。

在江户开城之前，西乡主要活跃在军事舞台上；江户开城后，他在中央政府的作用一下子减少了很多。

◇ 大久保利通的政治手腕 ◇

大久保利通并未在军事方面发挥作用，而是始终负责控制政治局面。明治时代的著名记者池边三山这样评价大久保利通：

"大久保是彻头彻尾的政治家，是大政治家。我曾在浏览伊藤公的传记时有同样的感受。在维新的战乱中，发挥最大作用的维新原动力毫无疑问是兵力。新政府依靠兵力完成了一项革命。在文久之前尚未如此，而从元治到庆应的四五年间，负责国事的人们归根结底都将主要重心放在了暴力，即兵力上。当然，如果没有兵力就无法完成革命，最后西乡作为暴力兵力的代表人物将势力做大，当时便没有人能够完全漠视这股力量的存在。（中略）我读伊藤传记和大久保传记的时候产生了同样的疑问，同为武士家族出身的伊藤和大久保为什么没有培养自己的军队呢？为什么不指挥自己的军队发起惊天动地的行动呢？我想这是因为两人的天性或者兴趣过早体现在了政治方面，他们更擅长政治，将身体和精神始终集中在了这方面。因此，两人都没有产生组织军队的动机；或者说这体现出了二人不屑于使用兵力、拥有私人军队的气度。我认为，正因为如此，大久保才成为了那个彻头彻尾的大政治家。

　　"令人惊讶的是，大久保从年轻时就将心思和精力都用在了政治上。"（池边三山，《明治维新三大政治家》）

　　综上所述，大久保利通主要负责控制政治局面，特别是从讨幕密敕到戊辰战争，都以与西乡密切合作的形式活跃在历史舞台上。不过，那段时期，大久保利通的宫廷工作主要通过倒幕派的公家代表岩仓具视⑤进行。据说，正是大久保利通和岩仓具视秘密策划了讨幕密敕的发布，甚至现在依然有说法认为讨幕密敕也许是一封伪造的敕令，正因为让天皇下达密敕是一场阴谋，所以后世才出现了伪敕说。在后来发生的王政复古军事政变以及处分德川庆喜的问题上，大久保利通都是不屈不挠地说服公家将德川庆喜排除在政权之外的核心人物。

　　在鸟羽、伏见战役刚刚开始时，朝廷中最初有相当强的势力主张将此战看成萨长藩与德川的私斗，试图逃避责任。大久保利通和岩仓具视做了不少政治工作，硬是将德川庆喜放在了"朝敌"的位置上。岩仓具视在晚年感慨"幕末维新时，我与大久保做了很多不能公之于众的幕后政治操作，现在依然不能提"。虽然两人实际做过的工作很多还没有解禁，不过从行动方式来看，大久保利通给人相当强烈的阴谋家的印象。

明治新政府成立后，就像我刚才提到的，大久保利通自王政复古后参与新政府最高层的决策直到明治十一年（1878 年）五月被暗杀为止，始终是政府不变的核心人物。后面将会提到，大久保利通是了解实务的政治家，在擅用实干人物方面远远超过西乡。

另外，大久保作为副使参加岩仓使节团⑥，培养了国际视野，作为外交家十分活跃，因此在外交领域也获得了相当高的评价。在他死后，伦敦的《泰晤士报》⑦甚至登出了追悼大久保之死的文章，可见他在国际上广受好评。在国际视野的广阔性与国际评价方面，大久保远在西乡之上。

就像三宅雪岭指出的那样，在制度尚未完善的混乱时代中，西乡的个人魅力、勇气和包容力能够很好地统领由各藩士兵混合而成的军队，在与"官军"的殊死决战中取得成功，这一点可以作出高度评价。（三宅雪岭，《同时代史·第二卷：三杰论》）

大久保利通是实干派的政治家，更准确地说是懂得实务的政治家。西乡不仅意志坚强，同时具有十分卓越的"破坏才能"。大久保利通是国际知名人士，并且在行政事务方面是位辩才，是拥有"矫饰之才"的政治家。西乡自己也很清楚两人的区别，他在晚年的回忆中将自己与大久保利通比较后说出了下面这番话：

"如果要建造一座房屋，我相信自己在建设方面要远远超过甲东（大久保的号）。但是，当建造已经完成，需要装修，进行室内装饰，完成一个家该有的样子时，甲东天赋异禀，而我这样的人连修理厕所的角落都做不到。不过，如果要再次破坏这座房屋，甲东也不及我。"（毛利敏彦，《大久保利通》）

我认为，这是西乡充分了解自己后说出的话。西乡对细节不会置喙，也就是所谓的司令官类型，而不是参谋类型。

伊藤博文评价西乡时这样说过："西乡只会在笼统的范围上作出评价，不会啰啰唆唆地抠死理说服他人。他不会过多阐述细节，只会在大喝一声后最终拍板。"因此，如果对方是不会被他的大喝镇住的人，那么西乡风格的做法就无法顺利进行。他在"征韩论"时也用了同样的方法，但是由于大久保的强烈反对，"征韩论"最终付诸东流。面对不会因为他的大喝一声就退缩的大久保，不擅长用道理说服对方的西乡便失去了神力。

◇ **木户的卓越构思** ◇

下面说到另一个人物木户孝允。相对来说，他在政治方面更为活跃。尽管他本身是一位水平颇高的剑客，但并没有在剑术上大展拳脚。比起军事方面，他在政治方面更加活跃。他是一位理性而具有先见之明的政治家，几乎没有采取过不加考虑的行为。尽管他的剑术颇高，不过他会尽量避免出现需要亲自出剑的情况。在著名的池田屋事件⑧发生时，他也迅速觉察到危险而离开，因此逃过一难。禁门之变⑨时，他也没有采取鲁莽的行动，因而没有成为事件的主角。有不少长州出身的人倒在了幕末动乱中，而木户凭借谨慎的性格活到了最后。

明治新政府成立后，他作为长州人的代表自然身居要职，又凭借十分卓越的构思筹划方案，在提供创意方面凌驾于西乡和大久保之上。可以说，他是一位开明的政治家。与此同时，他还容易走向理想化，因此对现实的不满远超常人。由于心中的不满日益加剧，木户曾多次辞去要职，经过轮番劝阻后又重回职位，多少有点对进退去留摇摆不定之意。

岩仓具视曾经批评木户"虽有先见之明，但愤世嫉俗喜欢鸣不平，经常向局外人抱怨，这一点令人苦恼"。后面我将会提到，木户作为岩仓使节团的副使于明治四年至六年（1871—1873 年）视察欧美各国，后来由于健康情况不佳，情绪愈发不稳定，在晚年出现了明显的神经衰弱症状。

◇ 智慧的人 / 重情的人 / 重义的人 ◇

人们通常会将这三人评价为智慧的人、重情的人、重义的人。木户是智慧的人，西乡是重情的人，大久保是重义的人。

木户很符合"智慧的政治家"这个称号，他善于辩论、才华横溢，能够透彻地讲述新颖的构思。他兴趣广泛，有些风流才子的气质。他的身上的确有理性和理想主义的一面，遗憾的是也相应地缺乏一些执行力，并且不能否认他性格相当神经质，疑心较重。特别是到了晚年，他经常受到他人说他气量狭小的批评。前面已经提到，他在晚年由于健康状况不佳而感情起伏强烈，出现了神经衰弱的症状。动荡的政治局面带给他的疲劳渐渐显现在身体上，想实现理想的心情和从中逃离的心情掺杂在一起，这注定了他会陷入对进退去留摇摆不定的境地。

西乡是重情的人。他待人宽容，胸襟开阔而英勇，非常爱护部下。但是，他在西南战争中与心怀不满的士族共同赴死，很多人批评他因对部下的感情牵绊而使自己走向悲剧性的结局，因屈于感情而耽误了国家的百年大计。

在写文章的才能方面，木户被认为是三个人中最优秀的，其次是西乡，大久保在三人中最缺乏文采。岩仓评价大久保"虽然没有文采，但坚定不动摇是他的长处"。的确，对比大久保和木户的文章就可以清楚地看出两人性格的不同之处。读过两人的日记后会发现，木户的日记感情丰富，其中纠缠着各种情绪。与他的日记相比，大久保的日记只是极为事务性的记录，几乎完全没有作为日记本身的趣味。内容全是一天中做了什么，与谁见了面这样事务性的记录，几乎没有投入感情，很难从中看出他的情感。反过来说，一旦大久保在日记中投入了感情，那一定发生了相当严重的事。木户的日记在发生大事时也会生动地描写自己当时是用怎样的感情去处理的。特别是到了晚年，他抒发不满的文章相当多。

就像岩仓评价大久保的优点是坚毅果断不容易动摇那样，他一旦决定就绝不回头，会坚韧不拔、不屈不挠地说服周围的相关人士实现自己的想法。池边三山对他的评价是"大久保在坚韧不拔、执着这一点上出类拔萃"。大家公认大久保沉着冷静，福地源一郎形容他"就像北太平洋的冰山"。

另外，大久保是个无趣而认真的人，唯一的兴趣就是下围棋。

大久保的儿子牧野伸显[10]在回忆录中写道，大久保唯一的兴趣是下围棋，会在繁忙的工作后花很长时间下围棋。同样出身萨摩的松方正义[11]担心他太热衷于围棋弄坏了身体，劝他稍微控制一下。大久保说如果将围棋从自己身边夺走，自己就与死人没有区别了，完全听不进别人的忠告。牧野在回忆录中写道，大久保经常与一位名叫于高的女性围棋高手下棋，也许他能够在下棋的同时踏踏实实地思考时势吧。大久保本来就不是会将感情写在脸上的人，而他生活在一个剧烈动荡的时代，心中一定不时会有各种各样的感情相互碰撞。可以想象，他在这种情况下会通过踏踏实实地下围棋来压制自己心中的感情。

我在上文中大致勾勒出了三人的人品和性格，下面将通过明治初年的各个事件讲述三人之间具体的关系变化。

◇ 三杰团结一致 ◇

在进入明治时代之后，三人几乎没有共事过。从萨长同盟⑫时期到江户开城，三人的行动始终保持在密切的合作之下。而当幕府倒台新政府成立后，三人间的合作在很多时候未必都进行得顺利。难得进行顺利的例子只有明治四年（1871年）的废藩置县。

众所周知，废藩置县是一项打破过去幕府体制下藩镇割据统治的重大政治变革，废除旧时的全国各藩，设立新县统一由中央政府直接统治，罢免过去的知藩事并将他们集中到东京，由中央政府任命新的县知事派往各处。这项变革几乎没有发生流血事件，确实可谓奇迹。我在看到废藩置县的整个过程后，很难认为一开始就已经制订出了周密的计划。

废藩置县的概念最初是木户在戊辰战争进行过程中就已经想到的，但是在当时只是一个理想中的构思。因为木户是很有想法的人，经常提出各种有趣的构想，就连他自己也没想过这个想法能立刻实现，大久保也只是赞同废藩置县的原理，却没想过能立刻实行。

但是，在明治维新后面对的各种困难中，最大的问题之一就是如何处理在战争中取胜的军队。这在各个时代都是难以处理的问题。后来，在甲午战争结束后，明治的政治家们也担心在甲午战争中取胜的军队手中的权力过大。总而言之，处理在战争中取胜的军队时只要有一步走错就很可能再次引发内乱。

特别是戊辰战争中取胜的萨摩军队已经在西乡的率领下回到故乡。这就意味着在鹿儿岛形成了一个对政府不满的士族集团，他们将西乡作为信仰团结在他周围。这件事必须想办法处理。长州藩的处理已经在较早的时间里完成，通过木户等人的斡旋，在戊辰战争中取胜的奇兵队及下属各队都被迅速解散。尽管整个过程中发生了各种骚动，不过由于处理得较早，在引起大骚动前已经将问题全部解决。此后，中央政府的威信逐渐渗透进长州藩内部，但难以渗透进萨摩藩内部。

以西乡为中心的士族军团暗中形成了对抗中央政府的势力。大久保同样很担心萨摩藩的现状，但也只能由西乡在鹿儿岛努力安抚。采取更多的手段处理藩兵会很棘手，并不是那么简单就能完成的。木户对此十分不满，他认为，政府在长州藩做到的事在萨摩藩理应同样能够做到，但在中央政府身居要职的大久保似乎对萨摩多有顾忌，这让他产生了强烈的不满。

他想出了一个方法，让萨摩藩兵上京作为政府直属亲卫队。而以西乡为中心的萨摩士族集团对政府有着强烈的不信任感，他们认为现在的中央政府官员给人铺张浪费、傲慢无礼的印象，必须进行改革。木户希望能巧妙利用这一点，即让萨摩藩兵上京负责政府改革，通过将他们编入亲卫队把西乡拉回政府一方。为此，大久保苦心经营，凭借独特的坚韧不拔和不屈不挠的执着精神说服西乡率领萨摩藩兵上京。当时，他并没有告诉西乡改革的具体内容，只是凭借改革的由头说服西乡上京，然后一口气将他拉进了废藩置县的计划中。

在废藩置县的构思十分仓促地列入政府改革计划的过程中，比大久保、木户等人年轻一代的山县有朋、井上馨等人向上层施加压力，提出既然要以这种方式编制亲卫队，不如将地方势力一口气集中到中央，只要西乡同意就立刻趁此机会着手安排，以相当强硬的态度推进了整个过程。大久保和木户轻易地被他们说服，但最难对付的是西乡。山县有朋等人原本认为很难让西乡点头，但当山县有朋作为使者前去说服西乡时，不知道出于何种判断，西乡竟然出人意料地轻易就表露出赞成的意思。

当然，中央政府的首脑部门几乎都认为废藩置县在理念上是必须执行的，西乡本人也理解这一点。但是人们普遍认为这在现实层面很难完成，没想到西乡轻易地同意了，其他首脑们仿佛一下子得到了上百万的支持者。大臣和公家不出所料地提出了各种反对意见，主流意见认为，采取废藩置县的手段必然会造成流血事件，因而犹豫不决。但西乡自始至终只是沉默地听着其他人的议论，最终表示："如果发生叛乱，我将亲自率军镇压。"这句话像过去一样起到了一锤定音的效果，其他人立刻闭上了嘴。

新政府以强硬的手段成功实行废藩置县。实际上，由于各藩都因为债务问题财政困难，在管理藩务上有很多苦恼，因此很多藩认为政府废藩置县的举措让他们如愿以偿。当然，有个别藩镇采取了强烈的反抗，不过并没有发展到武装叛乱的地步。萨摩藩的岛津久光⑬几乎被排除在整个计划之外，当他听说是西乡和大久保等人积极推动此事后勃然大怒，气愤地表示应该立刻罢免西乡和大久保。岛津久光与西乡、大久保等人的关系原本就有隔阂，趁此机会，他与新政府彻底翻脸。

长州藩知事名叫毛利敬亲⑭，他从幕末时期开始就对政治没什么兴趣，人称"极是公"。据说，他所有事务都按照家臣提出的意见去做，总是说着"嗯，所言极是"，因此有了这个绰号。木户轻易说服他同意了废藩置县。与长州藩不同，萨摩藩当地的反抗相当强劲，就连西乡都为此思考了良久。最终，他意识到了废藩置县的必要性，决定坚决执行，但他本人也为此遭到当地士族的猛烈反抗，并且与旧藩公关系破裂。西乡看起来十分豪爽磊落，其实内心深处或许也有相当敏感的一面，据说他直到最后都为与岛津久光的决裂而痛苦。

岛津久光屡屡提交建议书要求罢免大久保和西乡。他的建议自然不会被接受，不过这位旧藩公的怒火让西乡不知如何应对。有一种说法认为，他后来在"征韩论"中主张出兵朝鲜，背后其实包含着在沙场光荣赴死的想法。

总之，废藩置县以这种方式顺利完成。后来，岩仓使节团赴欧美考察，身处留守政府的西乡的立场变得相当困难。

◇ 岩仓使节团与国内政治斗争 ◇

废藩置县完成的 4 个月之后，岩仓使节团出发了。仔细一想，这是相当危险的行为。尽管废藩置县出乎意料的顺利让人们暂时松了一口气，但国内形势绝对称不上稳定。在这种时候，政府首脑部门的大量人员却离开祖国前往外国。虽说这说明他们对考察西洋各国的情况抱有充分的热情，而且热切希望能够修改条约，但从国内政治的角度来看，此举相当冒险。事实上，在岩仓使节团出发后，国内确实屡屡发生对立事件。

据说，最早想出组建岩仓使节团的是伊藤博文或者大隈重信[15]。伊藤在明治四年（1871 年）初提交意见书，主张日本必须通过保护国内贸易让国家走向富强，也就是说，必须设置保护关税来培养本国产业。但实际情况是，由于不平等条约规定日本没有关税自主权，因此无法设置保护关税。条约的有效期截至明治五年，他认为应该借此机会修改条约，实施保护贸易的政策。尽管英国如今倡导自由贸易，但最初同样是通过保护贸易才让国内产业发展到能够加入自由贸易竞争的行列。因此，伊藤博文提出应派通晓外语并且有处理国内事务经验的优秀人才前往欧美进行现场考察。

此举也可以理解为通晓外语并有处理国内事务经验的优秀人才是在暗指伊藤博文自己，他是在主动建议政府派自己出使外国。文久年间（1861—1864 年），伊藤博文曾偷渡到英国滞留了半年之久，明治年间还曾去过美国。加入岩仓使节团是他第三次前往西洋国家。

除伊藤之外，大隈同样提出了类似的想法。一开始计划派出一支极小规模的使节团，主要目的是修改条约，后来规模逐渐扩大，变成了以修改条约和考察西方国家国情为目的的大规模使节团。

当时，木户因为国内的政治斗争而筋疲力尽，因此希望能出使外国。也就是说，他因为疲于国内政治斗争，希望多少能够借着出国的机会逃避一些。

另一方面，大久保一开始并没有对出使外国表现出太多兴趣。但井上馨等人热切地表示明治政府的首脑部门应该出国看一看，这让大久保也起了兴趣。他以相当强硬的手段完成了废藩置县的工作，之后担任财政中枢职位大藏⑯卿，但是同样有很多声音反对他担任这一要职。也许他希望借此考察机会暂时离开日本，顺利转移这些反对者的视线。

因此，两人主动申请加入使节团。最后，岩仓作为大使，大久保、木户、伊藤以及外务少辅山口尚芳作为副使，加上其他随行人员和使节的随从，共60多人组成了岩仓使节团，他们和另外40多名留学生（其中5人为女留学生）一起出发，考察了以美国为首的欧美各国。

◇ 留守政府的内部纷争 ◇

与他们相反，西乡对此似乎毫无兴趣。

众所周知，自从新政府成立后，西乡始终想要隐居，只要遇到困难的情况就会产生告老还乡的念头。他本想回到故乡过悠然自得的生活，但政府部门首脑却不声不响地出国了，留下的人中只有西乡能统领留守政府。在西乡看来，大久保和木户等人将废藩置县后的难题全都留给自己然后出去旅行，因此十分不满。佐佐木高行⑰在随使节团出发的前一天晚上在日记中记下了他与板垣退助的对话，提到"西乡露出极为不满的神色"。

甚至流传着一件逸闻，使节团乘坐 4500 吨的大船"亚美利加"号从横滨出发后，送行的西乡转身对身边的人说："如果那艘船沉了该多好。"

那么，让我们思考一下留守政府中西乡的立场。尽管在使节团出发之前，留守政府的首脑和使节团的首脑已经达成共识，在使节团出国期间不进行重大改革，不进行大幅人员调动，但这项约定实在很难实现。留守政府中负责执行政务、实务的是大隈重信和井上馨。在大久保和木户出国后，他们感到身上的重担少了一些，于是将自己平时一直在思考的改革一项项实行了。因为西乡不喜欢在具体事务上给出意见，所以实际情况是大隈和井上瞒着西乡不断推进改革。

井上当时的官职是大藏大辅，相当于现在的大藏省次官，因为大藏卿大久保不在，井上就是代理大藏卿。而大隈重信是参议中少有的对财政了如指掌的人，于是两人合作着手改革。另外，军事方面的改革由山县有朋负责。比西乡、大久保年轻的一代实务政治家开始不断推进改革。留守政府在财政改革方面不断整理家禄，在军事改革方面则采取了征兵制。

西乡在一定程度上被架空了。他原本就不喜欢在具体事务上给出意见，而且明白如果自己反对，留守政府将陷入巨大混乱，因此没有反对年轻政治家的改革，作出包容的姿态放手让他们去做，但心里终究相当不满。

最让西乡不满的是大隈和井上等人一味推行西化、文明化政策，他担心这会给国内带来追求奢华的风气，让人民的士气显著颓唐下去，让国内出现腐败现象。无论是大隈还是井上，都是性格活跃且讲究排场的人，与朴实刚毅的西乡完全不同。因此，尽管西乡没有从正面反对大隈和井上的政策，但心中十分不满。当时政府的财政来源有限，财政相当紧张，又在派遣使节团上花费了巨额资金，更为了发展振兴国内产业和引入西方文明投入了巨资，因此，大藏省负责人井上在其他方面毫不留情地削减经费。特别是，为了节省经费，井上采取了不断削减士族俸禄的政策，西乡周围的萨摩士族自然发起了强烈反击。同样被削减经费的司法省江藤新平⑱司法卿也是反对井上的重要势力之一。

西乡个人的性格与井上完全不合，因此似乎很不喜欢他。有一个著名的故事：在使节团出发前举行的壮行会上，西乡举杯对井上说"敬三井的大总管"⑲。此事同样记载在《佐佐木高行日记》中，应该不会有假。就算西乡是在开玩笑，这种行为也实在太不成熟了。井上觉得在众人面前受到侮辱，十分不快，二人的关系明显恶化。

　　井上同样讨厌西乡，这一点在此后西南战争爆发时体现得格外明显。西南战争爆发时，井上正在欧洲，他给政府首脑寄去的信件中满是激励的话语，特别是他在给与自己关系亲密的伊藤博文的信中写得十分露骨。井上似乎十分害怕政府会因为西乡加入反叛军而妥协，因此不断给伊藤寄去信件，信中写着"绝对不能妥协，要对抗到底""这是个好机会，要彻底打倒萨摩士族"之类的内容。

　　不仅仅是井上，长州派的人大多对西乡隆盛怀有深深的恶意。例如，西南战争时长州出身的驻德国大使青木周藏就在从德国寄给伊藤博文的信中称呼萨摩反叛军为"芋贼"，批评西乡隆盛为"南洲狂爷"，言辞激烈。

　　由于强烈的情感冲突，留守政府的内部便产生了对立。一派是以西乡为中心的萨摩士族，他们是有着强烈精神主义倾向的军人；另一派是以大隈和井上为首的实务派政治家集团。尽管西乡本人极力避免自己卷入这场对立，但他周围的人却并不这样想。

◇ 大久保与木户的对立 ◇

　　就这样，留守政府的内乱不断激化，内乱的余波甚至影响到了身在国外的使节团。尽管他们未能成功修改条约，不过依然离开美国前往欧洲考察各国国情，前往各种现代设施，即议会、官厅、工厂、医院、兵营、学校、博物馆、银行、法院、监狱及其他各种文化遗产现场参观学习，为此后日本的近代化进程作出了巨大贡献。

但是，国内发生的纠纷不断传到他们耳中。由于在大久保、木户等重要人物出国时发生了无法收场的纷争，留守政府竭尽全力请他们回国。特别是在国内陷入困境的井上和大隈，不断要求木户和大久保务必回国。对此，大久保虽然想要继续考察外国的情况，但确实非常关心国内政治，因此表示希望能够立刻回国。而木户对此则十分不满。他原本就是为了逃避国内繁杂的政治斗争才出国的，希望再多了解一些外国的情况，结果井上和大隈这些年轻的家伙却想要决定使节团的去留。大久保和木户在是否回国的问题上产生了对立。

更让木户没有想到的是，通过这次出访，伊藤等长州出身的后辈们逐渐开始与大久保亲近，这让木户和伊藤的不和在出访过程中变得相当严重。从木户还叫作桂小五郎的时期开始，伊藤博文就受到他很大恩惠。伊藤在此次出访过程中逐渐转变为大久保派当然有其道理。在伊藤看来，这个时期的木户度量变得狭小，疑心越来越重，总是怀疑他的行动。因此，比起度量狭小的木户，他越来越亲近那个不问他人出身藩镇所在地、总是宽宏大量地接受自己的大久保。伊藤曾表示这是自然趋势，不过这在木户看来就相当不快了。由于伊藤最初提出使节团的出访目的是修改条约，因此这次外交谈判是建立在有可能修改条约的基础上的。结果，由于正式修改条约需要全权委任状，为了回日本取委任状又花费了大量时间，这段时间里，使节团不得不漫无目的地留在美国，木户对此极为不满。同样令他不满的还有伊藤和当时的驻美少辩务使[20]森有礼[21]略显轻浮的态度，木户认为他们不该向别人灌输条约能轻易修改的概念。

当时，森和伊藤等二三十岁的年轻人一边倒地支持西化，也积极主张尽早解除基督教禁令。甚至有人说出"日本变成基督教国家也挺好，不如让明治天皇率先改宗信奉基督教"这样荒唐的言论。他们也许认为，如果不这样做就无法在国际社会上与西方各国平起平坐成为伙伴吧。当时，欧美各国坚信非基督教国家就不是文明国家，更何况日本不愿解除基督教禁令，欧美各国认为和这种野蛮国家当然不能缔结平等条约，因此森等人的主张也并非完全没有道理。

但是，在木户及其他相对慎重的人看来，说出这种话的人实在太草率。宗教根植在每个国家的传统中，日本 200 多年来始终禁止基督教，在解除基督教禁令的问题上，必须回国充分讨论后才能下结论。尽管大家都明白解除基督教禁令势不可当，但当场同意解除禁令未免太过轻率。更何况让日本成为基督教国家明显做得太过。轻率的西化反而会让国家丧失独立精神，招致欧美各国的轻视。使节团因为此事产生了对立意见。

需要注意的是，使节团中原本站在保守派立场的人在亲眼见过美利坚合众国的情况后大多深感钦佩。比如，当时的司法大辅（相当于现在的司法次官）、土佐出身的佐佐木高行为研究审判制度和司法制度加入了使节团。他在日记中明确记录了个人的反感情绪："伊藤等人就凭能说英语而趾高气扬，想要把持整个使节团，太不像话了。"

佐佐木完全不懂英语，参观监狱等地时总要带上翻译，但是通过翻译对话多少会有隔靴搔痒之感，交流不畅让他焦躁不已。见到伊藤说着一口流利的英语，俨然一副使节团代表的样子和对方交流，这让他很看不下去。佐佐木属于使节团中的保守派，他在日记中多次强烈抨击伊藤的西化主张过于轻率，不过就连佐佐木都十分钦佩美国三权分立的政体，认为三权分立巧妙地实现了平衡。由此可见，明治初年整个时代的气氛十分开放，这一点颇有意思。

佐佐木最佩服的是美国社会很好地利用"教法"（宗教）保持了良好的风俗秩序。根据他的观察，虽然日本的平民有一定信仰，但知识分子对宗教十分轻蔑。与日本相反，美国阶层越高的人信仰越虔诚，总统和政府高官会率先在周日前往教堂向上帝祈祷，聆听牧师的教诲，像美国这样通过宗教保持全体国民精神的统一着实令人惊讶。这是佐佐木记录的感想。他准确观察到了日本和西洋（基督教国家）在宗教认知上的不同，这一点很值得深思。

总之，因为这件事，使节团内部出现了严重对立。由于国内再三要求使节团尽快回国，大久保和木户围绕回国时间产生了分歧，最终决定大久保先行回国，木户紧随其后，使节团晚些时候再踏上回国的旅程。

◇ 围绕征韩的论争 ◇

随着使节团的回国，政府内部围绕着"征韩论"激战正酣。西乡和板垣退助自然是争论的核心。井上未能等到使节团回国，已经被迫辞去了大藏大辅的职位。尽管大久保先行回国，但以他一人之力终究无法对抗具有压倒性优势的西乡派势力。

如今已经很难探究西乡为何对征韩有如此热情。最近出现了一种说法，认为西乡是和平主义者，其实是反对"征韩论"的，但这种解释终究有些牵强。前文已经提到，西乡在留守政府中几乎被架空，没有发挥作用。大隈、井上、山县不断推行令他不满的改革，过去始终与自己同吃同住的萨摩士族在改革中逐渐失去立场。尽管西乡本人也清楚这些改革的必要性，但他毕竟无法抛弃曾经与自己同吃同住的同志。也许正是因为陷入了进退两难的境地，西乡将注意力转向当时不断拒绝日本来使的朝鲜。西乡与板垣不同，他并没有主张立刻出兵。西乡提出首先由自己出使朝鲜，恐怕到时候朝鲜依然会拒绝日本的要求，或者杀掉自己。这样一来，日本就有了征韩的理由，可以派遣士族军团出兵朝鲜，实施征韩。我认为，西乡此举中包含着走投无路的心情，他希望能够死在朝鲜。

前文已经提到，西乡原本就十分警惕草率地引入西方文明会让士气低落。明治四年（1871 年）初，他在废藩置县尚未实行之前提交的建议书中写道："如果一味羡慕国外的繁盛，不加节省地耗费本国财力兴建新事业，引入西方文明，国力会凋敝，士气会衰落。此时应该停止修建蒸汽火车、铁路等一切工程，而是应该专心充实军备。"

他在这个问题上的想法确实与大久保相差甚远，大久保认为发展振兴产业才是实现国家富强的基础。他离开日本前曾经坐火车从横滨前往川崎。新桥与横滨之间的铁路开通于明治五年，当时尚未开通，而品川到横滨之间的铁路已经通车，大久保曾经多次乘坐。

大久保在日记中留下了他第一次乘坐火车的感想，文字十分罕见地充满感情："第一次乘坐蒸汽火车无比愉快，确实百闻不如一见。如果没有铁路，国家一定无法走向富强。"（大久保利通日记，明治四年九月二十一日）也就是说，大久保认为铁路是文明国家必不可少的，如果不修建铁路就无法创造出崭新的国家。而西乡却说不要修建铁路，可见两人在这一点上有明显分歧。

总之，大久保亲眼参观过西方文明后深切体会到日本在各个方面都远远落后于西方各国。他认为现在完全不是出兵征韩的时候，最重要的是完善国内政治，充实国力，于是洋洋洒洒地提出了七条反对"征韩论"的理由。

第一，此时政府根基未稳，若发兵征韩，恐国内生变；第二，政费多端，若对外战争，民怨即生，恐引发骚乱；第三，今若兴兵征伐，百事势须中止，前效尽废；第四，若壮丁役于外，则无法振兴出口，又须自外国购置军需，进口远超出口，致使国债增加；第五，外国可虞者，首推俄国，今若与朝鲜交兵，俄国将坐收渔翁之利；第六，我国因修建铁路负英国之债已多，若不能偿还，彼必以此为口实干涉我国内政，日本恐为印度之续；第七，日本当务之急是修改不平等条约成为独立国家。除以上七条理由之外，大久保认为征韩既无名分，又难以获得经济利益，因此表示强烈反对。

原本在使节团回国前，西乡出使朝鲜一事几乎已经内定，但由于岩仓、大久保等人的反对最终被推翻。在西乡等人的意见已经被采用时，太政大臣三条实美㉒突发急病，有说法认为太政大臣实际上是在装病。总之，岩仓具视抓住了这个机会成为代理太政大臣，提交反对意见，一举推翻了先前的决定。这一切的背后似乎有大久保的斡旋。

征韩派强烈反对，认为岩仓使节团此次出国白白浪费了大量国家经费却未能成功修改条约，不过是毫无成果的旅游参观。据说，当时出现了一首打油诗："条约未能签，白白花了钱。一说到大使，就要数岩仓。"这首诗代表了征韩派的心情。

大久保击败征韩派后竭尽全力完善国内体制。不久后他就写出了《有关立宪政体之意见书》，亲手交给负责研究政体的伊藤博文。值得注意的是，在充实国力的问题上，政府首脑通过考察欧美各国，对国力理解的格局有了很大扩展。在幕末到明治最初的时期，政府首脑认为军事实力和支撑它的军事技术是国力的核心，后来愈发深刻地认识到军事力量不是支撑国力的唯一要素，还有其他各种各样的因素。

用大久保的话来说，支撑国力的重要因素是以机械制造业为核心的经济实力，守护国家的国民自主精神以及能提高这两点的良政善治。他在《有关立宪政体之意见书》中特别将日本和英国作比较，认为英国和日本的地理条件几乎相同，都是与大陆分离的岛国，人口同样是3200万—3300万，面积也几乎相同，然而两国的国际地位却有着天壤之别。英国在国际社会上以繁荣昌盛为傲，而日本不过是无名小国。大久保对比日英两国的国力，试图找出产生差距的原因，认为造成这种结果最根本的原因在于英国国民主张自己的权利,谋求以自主精神支持国家,政府则实行良政发挥国民的自主精神,保障他们的权利。以此为立足点,大久保提出了扶持现代产业的政策和立宪政治论。

大久保经常遭到批判,说他是官僚主义的专制政治家,在战后历史学家中评价不算好。当把大久保和木户进行对比时,学界普遍认为木户是开明的,是透彻理解了立宪思想的政治家,而大久保是官僚主义的专制政治家。但我认为,从对立宪政治的理解上来说,大久保绝不逊于木户。因为他是现实主义的政治家,自然会认为立宪政治无法立刻实现。另外,他认为立宪政治必须由政府自发推动。正因为这一点,大久保给人留下了专制政治家的印象。恐怕那个时代的官员大多有着更"进步的"思想,从这个角度来说,也许大久保的确是"官僚主义"的。

在这份于明治六年起草的意见书中,他将各国的君主政体与民主(共和)政体作比较,准确指出了两种政体的长处和缺点。他认为,民主共和政治是"实乃完具天理之本源者",即符合自然规律的政体;但是,不能忽略在现实中民主共和政体往往会带来严重弊端。他举例说明在法国大革命结束后出现了比君主专制更加残暴的恐怖政治,指出民主共和政治未必一定是最好的政体,民主共和政治并不适用于日本,而君主专制则无法培养出拥有自主支持祖国精神的国民。因此,日本同样不能拘泥于君主专制，而是应该制定宪法，采取"君民共治"的立宪政治。

耐人寻味的是，就在此时，大久保推荐福泽谕吉担任政体调查委员。就算只看此事，也可以证明大久保并非单纯的专制政治家。

◇ 三人之死，走向第二代 ◇

击败"征韩论"后，大久保成为政治核心人物，稳坐政权中枢，而西乡则回到故乡，被推举为不满士族的核心人物。

明治六年（1873 年）十月，就在西乡卸任返回故乡之前，他曾与大久保有过会面，那是两人生前最后一次会面。见证了两人会面的伊藤博文在回忆中这样描述：

"我感到（两人）问答之间多少有些沟通不畅的部分，后来我曾对利通说，在刚才与西乡的会谈中，他的应答有些欠妥之处，利通表示他对当日的谈话也并非没有同感。"（胜田孙弥，《大久保利通传》下）

西乡死后，大久保对前岛密[23]袒露了当时的情景：

"我与西乡分别时已无话可说，也并无争端。他只说已经厌倦了一切，而我只说了随他去，我们就此话别。他原是我敬佩的好友，也是信任的朋友，出于私情，我不希望与他分别。所以我曾竭尽全力挽留他，但他始终只是说着已经感到厌倦的话，想就此激流勇退。大概正因为如此才导致了去年他自杀未遂的惨剧，我实在觉得遗憾万分。啊，当年西乡的那句厌倦，如今想来依然是我不愿意听到的话……虽然只是简简单单的一句话，大概也带有某种一语成谶的意味。"（前岛密，《鸿爪痕》）

可见，两人在晚年已经很难相互理解了。大久保本想说服西乡，但西乡只是说着厌倦，顽固地不愿接受。大久保便随他去，于是西乡毫不犹豫地回到了故乡。可以说，两人是不欢而散。尽管如此，后来大久保依然两次派大山严去鹿儿岛请西乡出山。第一次是邀请西乡出国游玩。据说，西乡的弟弟西乡从道后来曾叹息着说："如果哥哥曾经去国外看过一次，也许就不会发生那样的事了。"也许大久保也抱着同样的想法，认为如果西乡能去国外看看就不会做出荒唐的举动了，所以才让大山严劝说西乡出国游玩。但西乡似乎并无兴趣。后来，大久保再次派大山严劝西乡重回东京，但西乡依然拒绝了。

那时，西乡正在鹿儿岛办私塾培养后辈，实在看不出他当时就抱着积极反对政府、举起反旗的想法。

昭和（1926—1989 年）五十年代时发现了西乡在明治九年（1876 年）所写的书信，信中虽然有几处能看到他已经有了积极反抗政府的意愿，但如果说他真的曾下定决心举起反对政府的大旗，恐怕是在明治九年九州各地士族叛乱频发的时候。

但是，西乡并没有响应各地的叛乱，他身上同样看不出坚决平息手下不满士族暴动的迹象。这个时期的西乡似乎已经彻底撒手不管了，也许他乐观地认为不会发展到暴动的地步，但也不能否认他过度放任事态发展的事实。因"征韩论"失败回乡后，西乡未能实现自己战死沙场的理想，后来便采取了顺其自然的态度。

◇ 西乡起义 ◇

多年后，大久保的儿子牧野伸显回忆他听闻西乡之子菊次郎描述叛乱实际发生之际西乡的态度时这样说：

"当时西乡带着长子菊次郎去了温泉，并不在家。菊次郎是我（牧野伸显）的发小，他后来对我说，当私塾的人集合后，西乡的末弟小兵卫来向西乡报告。西乡听说私塾的人已经列队集合后大吃一惊，拍着膝盖说'这下糟了'。菊次郎跟我说这段故事的时候还模仿了西乡当时的动作。西乡那段时间因为泡温泉经常不在城中，恐怕他也没想到事情会发展到这个地步吧。但是自己从小培养的孩子做了这样的事，他恐怕是觉得既

然自己已经无法阻止，那就为了他们牺牲自己吧。"（牧野伸显，《回忆录》上）

西乡确实是重情的人，因为情感的牵绊才无法对部下见死不救。3 年前，在佐贺之乱[24]中败北的江藤新平为了躲避政府的追击偷偷潜入鹿儿岛。他是来投奔西乡的，但当时西乡勃然大怒，将他赶了回去。据说，当有人问及西乡原因，他说："江藤新平抛弃同伴跑到了这里。我不会包庇抛弃同伴独自逃走的人。"可见，他确实有着不抛弃同伴的信念。

不过，大久保直到最后都乐观地认为西乡不会加入谋反队伍。尽管西乡多次拒绝了回到中央政府的请求，但大久保依然认为西乡不会亲自举起反旗。因此，就算听说了萨摩士族谋反的消息，大久保依然认为西乡也许并没有加入。可以想象的是，他得知西乡加入了谋反队伍时受到多大的打击。

大久保立刻提出他要亲自前往鹿儿岛直接面见西乡说服他投降，伊藤博文等周围的人当然拼命阻止。就算大久保去鹿儿岛后当真说服了西乡，西乡周围的人也不会答应，大久保最终一定会落得与西乡决斗而死的下场。所以，大家拼死阻止这个掌握着政府最高权力的人的轻率行为，大久保只好作罢。据说，就算是平生很少露出动摇之色的大久保，彼时也产生了很大的动摇之心。不过，当他明白亲自前往的计划不可能实现后，立刻下定决心讨伐。

木户听说西乡谋反的消息后，在大吃一惊的同时不禁产生了恻隐之心，并且对大久保的行为气愤不已。由于大久保对鹿儿岛策略的判断失误，让本该尽早处理的问题一拖再拖，最终酿成大祸。原本几个人讨论就能解决的问题现在却要付出几万人的鲜血，木户因此对大久保充满强烈的怨恨。

在西南战争打得如火如荼的时候，木户的病情急剧恶化，于明治十年（1877年）五月二十六日去世。不知道他死前在恍惚中梦见了什么，留下了"西乡还不能适可而止吗"的遗言。

◇ 三杰对继承人的培养 ◇

明治十年至十一年（1877—1878年），三人相继离开人世。木户病死，随后西乡在城山逝世，大久保第二年在纪尾井坂被心怀不满的士族暗杀身亡。就像文章开头讲到的那样，大久保预计明治维新将分为三个阶段，经过30年最终达成。他原本希望自己能主导维新直到第二阶段结束，结果在第一阶段结束时就撒手人寰。政治指导者的换代比大久保的预测提前10年到来，从维新三杰的时代走向了第二代——伊藤博文、大隈重信、井上馨、山县有朋等人的时代。

在培养继承人方面，大久保无疑是三人中最成功的一个。

西乡胸怀宽广，有清浊并吞的风范，但正因为他过于包容的性格，反而没有培养出继承人。因为他对所有人一视同仁，难以培养特定的继承人，而且他的领袖魅力无人能够继承。尽管他作为精神领袖的天资受人尊敬，但这样的性格确实难以培养出擅长实务的人。尊敬西乡的人很多，但他并没有培养出实际拥有巨大影响力的政治家。

另一方面，木户心胸略显狭窄，特别是到了晚年，由于神经衰弱情绪不稳定，原本被当成木户派的伊藤博文和井上馨也没办法继续跟随他，逐渐离开了木户。与他相比，大久保心胸宽广，经常听取后辈的意见。虽然他文采略逊一筹，意见书大多不是亲自执笔，而是由部下代笔后署上自己的名字，不过他充分了解实际事务，善于听取并接纳后辈的意见，并且培养出了众多实务派的政治家。

特别值得注意的是，受到大久保熏陶的不光是萨摩藩出身的人，还有伊藤博文和大隈重信。此外，他还推荐了很多有才能的年轻人出国留学，培养出大批人才。那个时代的日本还没有完善的大学制度，无法通过这条道路招募人才，所以可以说，以派年轻人出国来培养人才的方法具有重要意义，在政治指导者换代过程中发挥了重要作用。也正因为如此，大久保的意外身亡并没有直接对政府的政策产生巨大影响。伊藤、大隈、井上、山县等后继者顺利担当重任，其中有大久保很大的功劳。

【译者注】

① 大久保利通（1830—1878 年）：日本明治维新元勋。萨摩藩士出身。明治维新时倒幕派中心人物之一。1868 年参与策划推翻幕府、建立维新政权的"王政复古"政变。明治初任大藏卿等职，推行促进资本主义发展的经济政策。反对"征韩"。1874 年策动侵略中国台湾的战争，并到北京向清政府索取巨额赔款。后被士族反对派暗杀。

② 坂本龙马（1836—1867 年）：日本明治维新时代的维新志士，倒幕维新运动活动家、思想家。曾提出"船中八策"，设想建立以天皇为中心的新的国家政权体制。遇刺身亡后，被明治维新后的新政府追赠正四位。

③ 鸟羽、伏见之战：1868 年 1 月 27 日—30 日的日本戊辰战争中，新政府军和幕府军在鸟羽、伏见进行的首次战役。交战双方为支持明治天皇的新政府军和支持德川幕府的军队，战役以新政府军的全胜告终，标志着戊辰战争的开始。

④ 江户开城：庆应四年（1868 年）四月旧幕府向讨幕军和平移交江户幕府的根据地江户城的事件。该年一月，奉命追讨德川庆喜的东征军包围江户城，决定三月十五日发动总攻击。但在前一天，根据西乡隆盛、胜海舟等谈判的结果，停止攻击。其背后有英国公使派克斯反对攻城的国际压力，以及关东周围地区游击队活动造成的混乱局面。四月十一日，江户城和平开城。

⑤ 岩仓具视（1825—1883 年）：日本明治时代大臣。早年

提倡攘夷。后参与策划"王政复古"政变，为公卿中倒幕派核心人物。1871 年任外务卿，升任右大臣，率政府使节团（史称"岩仓使节团"）赴欧美考察。1873 年回国后，主张内治优先，反对"征韩"；主张制定绝对皇权的"钦定"宪法，以对抗自由民权运动。

⑥　岩仓使节团：以右大臣外务卿岩仓具视为特命全权大使，以大久保利通（大藏卿）、木户孝允（参议）、伊藤博文（工部大辅）、山口尚芳（外务少辅）为副使的赴欧美考察团。使节团共 60 多人，另有 40 多名留学生随行。这些成员都是王政复古的主力军。

⑦　《泰晤士报》：1785 年在英国创刊的世界上历史悠久的报纸之一，原名《每日天下纪闻》，1788 年改为现名，在当时是最具影响力的国际媒体。1902 年日英缔结同盟以后，该报影响了当时很多日本人的思想。

⑧　池田屋事件：日本江户时代后期（德川幕府时代），1864年 7 月 8 日在京都发生的一宗政治袭击事件。池田屋是京都三条小桥的一间旅馆。当日，京都守护职属下的武装组织新选组突袭池田屋，屋内多位主要来自长州藩的尊王攘夷急进派重要人物被杀或被捕。此事件又被称为"池田屋骚动""池田屋事变"。

⑨　禁门之变：又被称为"蛤御门之变""元治之变""元治甲子之变"。1863 年 8 月 18 日的政变中，长州藩及尊王攘夷派势力被逐出京都后，长州藩以排除会津藩主、京都守护职松平容保等人为目标，派兵进入京都，在京都市区内与幕府联军进行激烈的巷战。禁门之变是自 1615 年大阪夏之阵以来，大名之间在畿

内首次互相交战。

⑩ 牧野伸显（1861—1949 年）：日本帝国时期的政治家，大正、昭和两朝重臣，大久保利通次子。从一位勋一等伯爵。

⑪ 松方正义（1835—1924 年）：明治时期政治家、财政改革家，日本内阁总理大臣（首相）。萨摩藩武士出身。明治九元老之一。从 1881 年起主导日本财政达 22 年之久，1922 年封公爵。

⑫ 萨长同盟：日本江户幕府时代末期的庆应二年（1866 年）在萨摩藩与长州藩间缔结的政治军事同盟。

⑬ 岛津久光（1817—1887 年）：江户幕府末期萨摩藩主岛津忠义之父。文久二年（1862 年），久光为实现"公武合体"而率兵进京，一方面利用"池田屋骚动"镇压尊攘派，一方面侍奉敕使大原重德赴江户，逼迫幕府实行幕政改革。明治维新后，他反对废藩置县。明治七年（1874 年）任左大臣，但因其强烈的保守性，意见未被采纳，不久隐退回乡。

⑭ 毛利敬亲（1819—1871 年）：又名毛利庆亲，是日本江户时代末期的一位大名、明治时代初期的政治家。长州藩第 13 代藩主。

⑮ 大隈重信（1838—1922 年）：日本首相（1898 年，1914—1916 年）。佐贺藩士出身。历任参议、大藏卿等职。1882 年创建立宪改进党，并创办东京专门学校（早稻田大学前身）。1898 年与板垣退助联合组阁，任首相兼外相。再任首相时，日本参加第一次世界大战，并出兵中国山东，向袁世凯政府提出旨在

并吞中国的"二十一条"。

⑯　大藏：大藏省，即日本自明治维新后直到 2000 年存在的中央政府财政机关，主管日本财政、金融、税收。

⑰　佐佐木高行（1830—1910 年）：日本江户时代末期（幕末）至明治时代的武士（土佐藩士）、政治家、维新元勋、宫中重臣，侯爵。与板垣退助、后藤象二郎并称"土佐三伯"。

⑱　江藤新平（1834—1874 年）：肥前藩武士出身。日本政治家、法学家、民权思想家，自由民权运动的先驱。历任太政官左院副议长、司法卿、参议。主持司法工作时，对改革日本司法卓有建树。江藤新平对于法国民法典情有独钟，主张设立民选议院。

⑲　此处暗指井上收了三井财团的贿赂。

⑳　少辩务使：日本遣外使者。

㉑　森有礼（1847—1889 年）：日本明治时期思想家、政治家。萨摩藩士之子。1865 年赴欧洲留学，明治维新后回国。1870 年赴美调查教育制度。1873 年与福泽谕吉等人创建明六社，任社长，积极宣传西方启蒙思想。1885 年任文部大臣。在任期间建立明治时期新的教育制度，并参与筹建帝国大学。反对传统观念，崇拜西方思想，对明治时期的文化教育界有一定影响。后因反对神像崇拜，遭宗教狂徒暗杀。

㉒　三条实美（1837—1891 年）：日本政治家。公卿出身。内大臣三条实万第四子。幕末至明治时期的公卿、政治家。

㉓　前岛密（1835—1919 年）：出身于越后高田藩的政治家，

日本近代邮政制度的创始者。明治二年（1869年）加入明治政府，明治四年（1871年）任驿递头，在近代邮政制度的创设中发挥作用。在明治十四年（1881年）的政变中与大隈重信一同下野，后成为贵族院议员。

㉔ 佐贺之乱：明治七年（1874年）因"征韩论"失败而下野的前参议江藤新平等以其家乡佐贺县为中心发动的一次士族不满分子的叛乱。

第 **3** 章

君临明治政界的双雄

◇ 伊藤博文与山县有朋 [①] ◇

明治三十三年（1900 年）九月十五日，东京日比谷帝国饭店一大早就挤满了人。正门的匾额上写着"立宪政友会 [②] 开幕式"的大字，摆放着鲜艳的绿色拱门。大厅主会场正面放着讲台，走廊两边别出心裁的鲜花给会场增添了光彩。讲台两边整齐地排列着干事们的席位。另外，万国国旗飘扬的院子里搭好了顶棚，摆放着 1000 多把椅子，供无法进入会场的普通会员就座，不断进场的会员不一会儿就坐满了。

上午 10 点，日比谷公园开始放烟花，以此为信号，会长伊藤博文在音乐声中率领创立委员们缓缓入场。仪式按照惯例由开幕致辞、制定会章、会长致辞、宣读贺电、合唱国歌、三呼万岁等步骤组成，下午举行了公园宴会。政界、财界、舆论界、学界等各个领域的来宾约 400 人，与会者超过 1000 人。人们纷纷在宴会上畅所欲言。

这天的主角自然是伊藤博文。此时距离他立下组成政党的志向已经过去了 8 年多，其间由于元老们的反对等问题再三错过机会，现在他终于达成夙愿，迎来了拥有自己政党的一天。

尽管如此，当他对着比自己小 3 岁的竞争对手、作为内阁总理大臣受邀出席宴会的山县有朋单手举杯，得意扬扬地与国内外名士们谈笑风生时，内心究竟怀着什么样的感慨呢?

山县有朋此前曾两次反对伊藤结成政党的计划，中途摧毁他的尝试。但是，山县明白这次他已经无法推翻伊藤结成政党的决定，因而并没有刻意妨碍。在立宪政友会的组建工作一项一项具体实施的过程中，山县决定退出内阁，并且一直在试探伊藤有没有继承首相之位的想法。伊藤组建的政友会成员占据众议院的大半数席位，山县打算暂且将政权让给拥有这一坚实后盾的伊藤，然后依靠官僚势力和贵族院与政友会的内阁进行对抗。也许山县已经暗下决心，不会让伊藤在宴会上展现的笑容持续太久。

伊藤博文和山县有朋是支撑明治政府的两大巨头，以立宪政友会的成立为跳板，两人之间的竞争对手关系变得更加明显。

◇ **作为幕末志士** ◇

伊藤博文和山县有朋经历相同，都出身于长州藩的杂役下级武士家族，在尊王攘夷和倒幕运动中十分活跃，后来占据了明治政府的中枢地位，年龄也差不多，属于同一代人。伊藤老家原本并不是武士出身，而是世代在周防国熊毛郡束荷村务农的农民。后来，父亲十藏去荻城的伊藤家做工，被伊藤家收为养子，从而获得了武士身份。

如果生在天下太平的时代，伊藤也许会成为下级藩吏发挥些小小的才能，而山县也许会成为有些本事的枪术师傅过完一生。但意想不到的是，两人在十几岁时经历了马修·佩里叩关的"黑船来航"事件③，日本突然进入激烈震荡的时代。恐怕当时就连他们自己都没有想到，全新的命运即将在他们面前展开。

安政五年（1858 年），幕府及各雄藩就敕准日美修好通商条约和将军继承人的问题产生激烈对立，分为一桥和南纪两派。各藩的有志青年纷纷前往京都，尊王攘夷的势头愈发高涨。同年七月，在情势最紧张的时刻，伊藤和山县与其他长州藩的四位同僚被派往风起云涌的京都，这是两人第一次为国事奔走。在京都见到各藩的有志之士后，两人的视野打破藩镇的范围，能够从更宏观的角度思考日本的命运，因此具有重要意义。

伊藤和山县都是吉田松阴的学生。松阴小小的私塾松下村塾中人才辈出，培养出了高杉晋作、久坂玄瑞、吉田捻麻吕、品川弥二郎，以及伊藤和山县等从幕末到明治始终担负着国家命运的政坛人物。

伊藤在前往京都之前就是松阴的学生，当时已经受到松阴思想的影响。不过，比起在思想上的变化，伊藤的特长在于实际活动中的斡旋能力，从他后来作为政治家的行动上可以清楚地看到这一点。老师松阴当时敏锐地发现了伊藤的才能，在写给久坂玄瑞的信中评价伊藤"会成为相当出色的协调者"。

山县从京都回到长州后，在久坂玄瑞的推荐下进入了松阴门下。由于同年十二月松阴就被囚禁在了位于荻县的野山狱，山县与松阴直接接触的时间很短。尽管山县同样受到松阴的思想感化，对他怀有深深的尊敬之情，但他并不像松下村塾的其他学生那样一边倒地支持松阴。

据说，入门后不久，松阴曾经问山县："你有赴死的觉悟吗？"山县没有立刻回答，而是恳请松阴给他一天的时间思考。经过一整晚的深思熟虑后，他再次来到松下村塾回答松阴："我可以为了国家而死。"如果是伊藤，恐怕会毫不犹豫地当场作出肯定的回答吧。从这件事中可以明确地看到山县与年龄不符的稳重性格，也可以看到他希望与老师——充满激情的思想家松阴划清界限的态度。

另外，当时长州藩尊王攘夷派的年轻志士们经常吃着河豚痛快饮酒，慷慨激昂谈论天下大事。每当这种时候，山县总会独自一人就着小块鲷鱼喝酒，就算喝醉也绝对不会失去意识。"和而不同"，这就是山县的一大特点。

后来，山县在高杉晋作手下率领奇兵队四处与幕府军交战。不过，与自由奔放、喜欢为人所不为的高杉相比，山县的行动踏实稳健却缺乏趣味，很难成为故事的主人公。但是仔细一想，如果奇兵队中全都是高杉那样的人物，一定会瞬间分崩离析。正因为有山县这样勤恳踏实的助手，奇兵队才能维持下去，并在倒幕战争中起到巨大的作用。

与山县相比，伊藤在幕末时期的活动更加充满冒险。他一开始是一位充满激情的攘夷主义者，在文久二年（1862 年）与高杉和井上闻多（馨）共同火烧御殿山修建中的英国大使馆。不过，在完成这项疯狂举动的第二年，伊藤听说长州藩将派留学生前往英国，于是自荐加入。尽管号召攘夷，但他绝不是单纯的排外、锁国论者，他对西方事物的好奇心比常人强得多。他与井上馨一起坐上了前往伦敦的偷渡船，被水手长的鞭子抽打，被当成水手任意驱使。这段经历后来成为伊藤经常回想起的记忆，在心情好的时候还会给周围的人模仿水手长的样子。

但是，千辛万苦来到伦敦后只过了半年，伊藤就和井上毫不犹豫地放弃了英伦留学生活回到日本。在伦敦，两人亲眼见识到英国远超日本的国力。听说四国联合舰队要攻击长州的计划后，两人为了劝说长州藩的首领放弃鲁莽的攘夷行动，努力在四国联军和长州藩之间斡旋。这项工作只要稍有闪失就会有生命危险。就算长州藩的首领接受伊藤的意见，也不可能改变当时长州藩如火如荼的攘夷气氛。山县也是充满激情的攘夷主义者中的一员，不愿意接受伊藤的意见。

最终，长州藩在联合军队的攻击下惨败，伊藤不得不与高杉一起坐上英国船只，出使英国讲和。

从这件事可以看出伊藤终其一生都没有改变的性格：有能力迅速地随机应变。

在幕末的长州藩，伊藤与山县有着同样的境遇，共同在松下村塾学习，为国事而奔走。不过，也许是因为性格的差异，两人从年轻时期就交情不深。伊藤与前辈高杉晋作和发小井上馨是真正的生死之交，而与山县的关系始终不冷不热，也并没有把对方视作竞争对手。

两人在明治维新中发挥的作用，与前辈木户孝允（桂小五郎）和大村益次郎④等人相比确实不大。在这个盛大的舞台上，两人暂时还没有脱离优秀配角的范围。

◇ **伊藤的人脉** ◇

伊藤在政治领域飞速成长，成为明治政府的重要人物是在明治初年成为岩仓使节团的副使考察欧美各国时。另外，回国后，他在"征韩论"的激烈政治斗争中，站在主张优先处理内政的大久保利通一方，为大久保东奔西走，积累了大量政治经验。

明治四年（1871年）初，伊藤提交意见书，建议为了修改条约"应派通晓外语并且有处理国内事务经验的优秀人才"前往欧美进行现场考察。这也许是为了自荐，包括幕末去英国的留学经历在内，此前伊藤已经两次前往外国游历，是明治政府中少有的精通西方事务的人才。

右大臣岩仓具视被任命为全权大使，他要求刚满30岁的伊藤以副使身份同行。除了伊藤，副使中还有参议木户孝允、大藏卿大久保利通、外务少辅山口尚芳。自不待言，伊藤是其中年纪最小的成员。

这次考察从明治四年持续到明治六年，因为伊藤与生俱来的开朗性格，他用并不熟练的英语与所到之处的各界人士充分接触，加深交往，为欧美各国更深入地了解日本做了大量工作。其间，使节团刚一到达美国就在旧金山参加了欢迎会。席间，伊藤用英语发表了热情洋溢的演讲，表明日本积极想要吸收西方文明走现代化道路的立场，并且解释了太阳旗的设计理念。这次演讲被称为"太阳旗演说"，受到海内外各界人士的一致好评。

另外，伊藤通过这次出国考察受到大久保利通的赏识。当时的明治政府中，长州藩出身的代表人物是木户孝允。从人脉上来看，伊藤当然与木户更加亲密。但是在出国考察过程中，他与木户的关系渐渐出现不和。

木户很有创意，具有理想主义者的气质，但多少欠缺一些包容力，性格有些敏感。特别是到了晚年，由于身体不适，木户的情绪波动变得激烈，疑心越来越重。在木户眼中，年轻的后辈伊藤不过是个毛头小子，不过是因为会些英语，就目无尊长地在外国人面前出尽风头，仿佛自己才是使节团的代表，因此内心有些不快。

而且，当时的留守政府中出现了西乡派和以井上馨、大隈重信、山县有朋为代表的实务派团体之间的对立，井上等人陷入困境，频频要求大久保、木户尽早回国。

修改条约的谈判需要全权委任状，伊藤回到日本取得相关文件后，向木户汇报了国内的情况和井上等人希望使节团早日回国的请求，木户听到后面露不快。也许是他认为好不容易才逃脱了国内麻烦的政治纷争，结果伊藤和井上这些小辈却擅自想要决定自己的去留吧。另外，木户认为伊藤引入西方文明的想法有些轻率，一直抱着批判的态度。与此同时，伊藤对木户也逐渐敬而远之。

与之相对，大久保虽然是萨摩藩出身，但他并不拘泥于出身，心胸宽广，善于听取后辈的意见，不断提拔具有实务能力的优秀人才。伊藤为了取得全权委任状暂时回国时也是与大久保同行，可以说伊藤逐渐成为大久保派是顺其自然的结果。

伊藤这样形容自己与大久保的关系："（自己和大久保）变得亲密是在明治四年作为使节出国考察之后。直到公去世为止，我无论遇到什么事都会与他商量。公心思缜密，判断果决，做事绝不轻忽，为人自重，是遇到困难一定会身先士卒的人。"（《伊藤侯井上伯山县侯元勋谈》）

◇ 山县有朋与征兵制 ◇

岩仓使节团在欧美考察期间，留守政府在日本国内的各个方面都进行了大规模改革，比如颁布学制、使用太阳历、发布国立银行条例、整理家禄、制定征兵制、公布地租、修改条例等。留守政府的最高领袖是西乡隆盛，不过他并不会在具体事务上给出意见。因此，推进改革措施的是参议大隈重信、大藏大辅井上馨和兵部大辅山县有朋（后来历任陆军大辅、陆军卿）等实务家团体。

山县专心负责军事制度改革，特别是以他为中心制定的征兵制，以建立基于全民皆兵主义的现代化国民军队为目标，解散了此前的士兵军队，改革动作很大。这个构想根植于幕末的奇兵队。在维新政府刚刚成立时，长州藩出身的兵部大辅大村益次郎就开始计划征兵制的具体方案。但他倒在了愤怒的不满士族刀下，未能实现征兵制度的改革，是山县继承了大村的意志。

明治二年至三年（1869—1870 年），山县考察了欧美各国，着重研究了法国、普鲁士的军事制度，坚信必须采取征兵制。政府于明治五年十一月发布征兵诏令，同时公布的太政官告谕中说"配双刀，称武士，抗颜坐食，甚或杀人而官亦不问其罪"的封建兵制已经结束。

尽管如此，反对这项改革的力量依然强大。

西乡明白自己作为留守政府首领的立场，对这一连串改革采取默认态度，同意制定征兵制度，但他的内心必定不平静。更何况在士族看来，整理家禄和制定征兵制完全打破了他们的常识，自然会提出强烈的抗议。

以萨摩出身的西乡派军人为中心，对大隈、井上、山县等人的攻击十分激烈，司法卿江藤新平和参议板垣退助也加入了反对的阵营。攻击的矛头主要指向井上。西乡原本就对井上没有好感。最终，井上未能等到使节团回国，就被迫辞去大藏大辅的职务，山县也不得不将兼任的近卫都督一职让给西乡，大隈同样为躲避西乡派的攻击拼尽了全力。众所周知，西乡派不久后提出了"征韩"这一重要政治目标。

明治六年九月岩仓一行回国时，以征韩为目的，委派西乡前往朝鲜的事情已经内定。但是，使节团在欧美各国现场参观了议会、官厅、工厂、兵营、医院、学校等现代化设施后深切地认识到日本与西方的显著差距，他们认为如今最重要的是完善内政充实国力，必须尽力避免卷入与外国的争端。留守政府中的实务派当然深表赞同。

结果，在岩仓和大久保这对从幕末开始就配合默契的组合"密谋"下，"征韩论"最终被推翻。伊藤作为当时优先内政一派的联络员，在岩仓、木户、大久保、大隈等人之间来回奔走，为击溃"征韩论"、实现稳固的统一意志立下大功。从此事中可以看出他作为"协调者"的出色才干。

另一方面，山县为了视察镇台，从当年七月开始巡察西日本。由于生病，他回到东京的时间比计划中的时间略有延迟，在"征韩论"激战正酣的十月中旬，他并不在东京，因此并没有卷入这次政治斗争的旋涡。他回京时，为填补征韩派辞职后留下的参议位置的人事变动已经在前一天结束。这次政治斗争已经告一段落。山县此番的行为很符合他慎重的性格。

◇ **伊藤与宪法起草** ◇

西乡隆盛、大久保利通、木户孝允三人一般被称为"明治维新三杰"。如果要从后一届明治政治家中选出三个重要人物的话会是谁呢？伊藤博文、山县有朋、大隈重信、井上馨、松方正义及陆奥宗光都是有实力的候补人选。虽然不同的人对这些人的性格各有好恶，不过从政治业绩来看，伊藤和山县一定榜上有名。维新三杰将接力棒交给伊藤、山县等第二代领导者是在明治十年（1877 年）前后，政府因"征韩论"之争造成的分裂可以说是这次交接的开始。

西乡在"征韩论"之争中失败，由于他手下的征韩派参议辞职，伊藤补上了参议的位置加入国政中枢。他同时兼任工部卿，作为参议兼内务卿大久保的得力助手全力发展与振兴本国产业。

另一方面，山县坐上参议一职的时间比伊藤晚十个月左右。他在陆军卿西乡离开后成为陆军重要人物，在压下陆军内部不稳局面的同时推进军制改革，作为军队总指挥率领"百姓的军队"平定了从佐贺之乱到西南战争的一系列士族谋反。

明治十年（1877 年）五月，在西南战争最激烈的时候，木户病发，留下一句"西乡还不能适可而止吗"的遗言愤然离世。四个月后，西乡倒在了城山战场上。明治十一年五月，明治政府实力最强的大久保被不满士族暗杀。

第 2 章里已经讲到，大久保利通将明治维新的各项事业分为三个时期。从明治元年到十年是战乱不停的创业时期；从明治十一年到二十年是专心改革内政、发展民族产业、建设国家的时期；从明治二十一年到三十年的第三个时期是维持新体制、将国家交给下一代领导者的时期。但是，三杰的时代在第一个时期已经结束，建设国家的工作比大久保的预测提前十年交到了第二代领导者的手中。

第二代领导者中，作为大久保的继承人最早站上政治舞台大显身手、站在最明亮的聚光灯下的就是伊藤。特别是明治十四年（1881年）政变，大隈被朝堂驱逐（参考第4章）之后，伊藤在岩仓具视的支持下考察并起草了宪法，稳固了自己在政坛的地位。

明治十五年三月，伊藤接受敕命率"宪法考察团"赴欧洲考察，他们主要在以德国和奥地利为中心的国域，研究以宪法为首的各种立宪制度。他当时刚满40岁，从年龄上来说正是工作劲头最足的时期。

以伊藤为首，明治政府的领导者为了将日本建设成为能在国际社会与欧美列强比肩的强国，都深信制定宪法并开设议会是必不可少的一环。但出乎他们意料的是，伊藤等人在德国听到的关于采取立宪政治的意见大多是消极的。

著名宪法学家格耐斯特极力主张就算设立了国会，也不该把军事权力及与预算相关的权力交给国会。德皇威廉一世也对伊藤等人提出忠告，认为设立国会对日本来说并非好事，如果不得不设立国会，最好不要制定征收租税必须经过国会同意之类的规定。而且，德皇表示担心，认为明治维新以后日本的各项改革过于激进，特别是废除诸侯及剥夺士族特权等措施。

也许这些意见背后存在西方人的偏见，他们认为有色人种不可能顺利使用立宪政治管理国家。伊东巳代治⑤在考察宪法时是伊藤的秘书，他后来在回忆中说："尽管格耐斯特、斯坦因等人诚恳地提出了指导意见，但他们内心似乎认为黄种人不适合制定宪法，认为这不过是我们不自量力的行为。"（清水伸，《明治宪法制定史》上）当然，伊藤不可能就这样接受他们的意见，认为"从日本的现状来看最好采取专制制度"（明治十五年五月二十四日，伊藤写给松方正义的书信）。不过，这些意见也让他充分认识到现实中的立宪政治并不是日本国内主张自由民权的人想象中的玫瑰色万能药。

明治十六年（1883 年）八月，伊藤回国后正如本文所述的那样大显身手。他在参议的位置上兼任宫内卿和制度调查局长官，努力改革宫中制度、确立贵族制度、推进行政改革，最终在明治十八年（1885 年）十二月废除了太政官制度，树立内阁制，亲自就任第一任内阁总理大臣。当时的伊藤 44 岁，至今依然保持着近代内阁史上最年轻总理大臣的纪录。

第一届伊藤内阁时期最重要的任务是制定宪法。伊藤作为总理大臣在统管国家各项政治事务的同时，在井上毅、伊东巳代治、金子坚太郎这三个人的辅佐下亲自起草宪法。

出于保守机密的考量，伊藤经常与三人一起前往神奈川县夏岛的别墅专心起草宪法。尽管伊藤的官职远远高于其他三人，但众人在起草宪法的过程中总是直言不讳地交换意见，有时还会发生激烈的争论。伊东在回忆中提到，有时伊藤的意见会被其他三人猛烈攻击，伊藤经常会勃然大怒，大吼"井上你这个腐儒！"或者"伊东这个诡辩的家伙"。不过到了第二天早上，伊藤经常会干脆地放弃自己的想法，对他们说："既然你们这么热诚地提出想法，我这次就遵从你们的意见吧。"从这里可以看出伊藤毫不掩饰、直来直去的性格。另外，在工作疲惫时，他们经常在小岛周围游泳，有时还会大摆宴席并从东京叫来伊藤喜欢的美貌艺伎。

经过反复推敲，宪法草案终于完成。伊藤不愧是"喜欢尝试新鲜事物的人"，他亲自担任新设立的枢密院第一代议长主持宪法审议，明治天皇也出席了这次审议。

以伊藤为首，为制定宪法竭尽全力的人们最花心思的部分，就是如何将日本传统中的天皇放在符合现代立宪政治体制的宪法中。

众所周知，明治宪法遵循了普鲁士宪法体系，是以强化君主权力为中心构建的宪法。明治二十一年（1888 年）六月十八日，伊藤在枢密院举行的宪法草案审议开始时进行了演讲，表示日本没有用于统一民心的宗教，只有皇室代替宗教统一人心，因此日本起草宪法要以天皇作为国家的中心，以尽量不损害天皇大权为原则。

但有些奇怪的是，进入逐条审议的过程后，伊藤反而反复强调不得滥用君权，表示"创立宪法的精神，第一在于限制君权，第二在于保证臣民权利"。例如，在审议第四条"天皇为国家元首，总揽统治权，依本宪法规定实行之"的条文时，司法大臣山田显义和枢密顾问官东久世通禧⑥提出修改意见，认为应该删除"天皇为国家元首"以及"依本宪法"之后的内容，改为"天皇总揽统治权"。他们的论据是天皇作为国家元首是不言自明的事，而且按照此条文的内容恐产生误解，让人认为天皇的统治权并非固有权力，而是宪法赋予的。对此，伊藤坚持正因为天皇是国家元首才能总揽统治权，而且必须在宪法范围内行使权力，绝不能滥用。同时，他极力主张立宪政治的本质正是限制君主权力，如果删除"依本宪法规定……"的内容，君主权力将无限扩大，宪法将会沦为专制主义的法律而失去价值。因此，伊藤正面反对这项修改意见。伊藤对宪法第四条的解释是："盖总揽统治权者，主权之'体'也。宪法之条规者，行使之'用'也。有体无用，则导致专制；有用无体，则易生散漫。"（伊藤博文，《帝国宪法义解》）

就这样，伊藤在高举天皇大权主义的同时，强调宪法主义，警惕天皇权力的滥用。另外，大家熟悉的美浓部达吉⑦等人也在天皇机关说⑧中将伊藤坚决拒绝删除的第四条内容一事作为重要论据，用来解释宪法自由主义。

◇ 政治家山县登场 ◇

明治十一年到十五年（1878—1882年），山县有朋的心思主要放在了军事方面。明治十一年（1878年），陆军省参谋局从政府独立出来成为直接隶属于天皇的军令统辖机关，建立参谋本部。山县有朋在担任参议的同时从陆军卿转职成为参谋本部长（后来的参谋总长）。参谋本部的设立是统帅权独立的第一步。在萨摩藩的西乡故去后，出身长州的山县在陆军中牢牢掌握着统治权。到了明治十五年之后，伊藤通过制定宪法稳步成为明治政府的第一人，山县也紧随他的脚步开始踏足政界中枢。

明治十六年（1883年），山县比伊藤晚了5年才爬到内务卿（后来叫内务大臣）的位置。他作为国内治安的总负责人，因为对自由民权运动的处理措施而站在了民权运动的对立面。接下来，明治十八年（1885年），山县进入第一届伊藤内阁担任内务大臣，听取德国法律顾问莫塞的建议专心制定地方自治制度。明治二十二年（1889年）十二月，山县刚刚从国外旅行回国不久就成功组阁，比伊藤晚了4年。当时，山县51岁。

山县的政治经历与伊藤相比总是慢一步，但他在陆军中积累的庞大势力成为补足落后部分的重要武器。而且，山县有五年半内务大臣（包含内务卿时期）的经验，在官僚系统中逐渐形成了以内务省为中心的山县系派阀。他终其一生自称"一介武夫"，经常假装对政治一窍不通，当然这不过是他韬光养晦的表面姿态。

山县此前曾多次强调国际形势紧迫，必须加强军备。明治二十三年（1890 年）三月，在山县就任首相后不久便给青木周藏⑨外相写了一封题为《外交政略论》的意见书，大致内容如下：

"如今日本身处严峻的国际环境之中，列强势力相互竞争。为了保持国家独立，仅仅退守'主权线'（国境线）已经远远不够，必须进一步防御'利益线'（与国土安危密切相关的相邻地域），在特定情况下需要通过武力实现我国的意志。日本的利益线就是朝鲜。几年后，当西伯利亚铁路完成后，俄罗斯东进的脚步会大幅增速，朝鲜这块多事之地也许会让东洋地区发生重大变动。外交的重点在于实力，为了在列强的攻击下保护日本的利益线朝鲜，现在必须增加 7 个军团约 20 万兵力，同时必须加强爱国教育。"

山县担心日本国民习惯了从德川幕府建立以来 300 年的太平生活，与生活在永无止境的战争中的欧美各国人民不同，希望在制定宪法开设议会后好好休养生息，朝野内外当时呈现出一种"安居一隅"的氛围。这会让人们缺乏对逐渐紧张的国际形势的认识，无法理解增强军备的重要性。

到了明治二十三年十一月，人们盼望许久的帝国议会终于召开，立宪政治拉开帷幕。内阁总理大臣山县有朋身穿陆军大将制服走上了这座华丽的舞台中央，而制定宪法的大功臣伊藤则身居贵族院议长的闲职。

不出所料，第一议会⑩中，自由党和民进党标榜"休养民力，节约经费"从而激烈反对政府。预算委员会以大幅削减行政费用为主，决定将政府提出的预算案减少一成以上，共计920万日元。

政府内部也出现了解散众议院的论调。山县首相事先从天皇那里得到了随时可以解散众议院的诏书，他带着诏书参加议会，在预算审议的过程中曾经多次想要拿出诏书，但最终都放弃了。如果在第一议会中，一个预算方案都未能通过就解散众议院，山县内阁就会被指责为缺乏政治领导能力。更严重的是，欧美各国一定会质疑日本人管理议会政治的能力。因此，山县首相及各位政府首脑认为，无论如何至少要让第一次帝国议会圆满结束，民党领导者中应该也有不少人赞同这一意见。

农商务相陆奥宗光和邮政相后藤象二郎与自由党土佐派关系亲密，山县内阁通过两人在暗地里坚持不懈地试图与自由党达成和解。特别是排除了明治天皇的疑虑，入阁的陆奥在这次和解过程中负责牵线搭桥，发挥了重要作用。政府最终同意削减 631 万日元预算（另外从特殊账务中削减 20 万日元），并且同意进行行政管理。以这些让步为条件，山县内阁取得了土佐派议员的支持，成功完成了预算方案的修订。和解达成后，山县紧紧握住土佐派干部片冈健吉⑪的手表示感谢："这下就保住了国家的颜面啊。"

在第一议会向民党妥协的过程中，山县发挥了与生俱来的坚韧不拔以及能屈能伸的性格。如果是伊藤，或许会无法忍耐，不顾国家颜面一口气解散议会吧。事实上，尽管山县被称为"武断派"，但他在两次担任首相的过程中从来没有解散过众议院。与他相反，伊藤尽管被称为"文治派"，被认为充分理解议会政治的本质，但是他在担任首相期间却总是直接面对反对党的反政府攻势，三次解散众议院。从中可以看出两人性格的差异，值得玩味。

总之，有了第一议会的经验，山县在成为政治家的道路上有了长足进步。在明治政府中，他已经拥有了能够与伊藤比肩的实力，成为最高领导者。

◇ 两人关于政党对策的对立 ◇

建立帝国议会后，伊藤和山县成为明治政府内部势均力敌的竞争对手。此前，两人几乎没有因为政策上的意见对立产生过正面冲突，但是从那以后，两人之间的冲突屡见不鲜，主要是针对如何应对议会和政党政策产生的意见分歧。众所周知，山县终其一生一直是藩阀官僚势力的统帅，是"超然主义者"，对政党抱有强烈敌意。而在这一章的开头已经提到，伊藤多次想要结成政党，在十年后成功当上了立宪政友会的会长。

一开始，伊藤也并非坚定地支持政党内阁论。在宪法发布后，紧接着是黑田清隆首相发表的超然主义演讲，伊藤也当着府县会议长的面主张政府应该采取不偏不倚的立场，明确否定了政党内阁："虽说今后将通过召开议会对政事达成合意，但是如果立刻组织议会政府，即由政党组织内阁，难免发生最危险的情况。"（大津淳一郎，《大日本宪政史·第三卷》）。并且，在井上毅等人向他说明超然主义的非现实性，建议培养政府执政党时，伊藤果断地拒绝了这项进言，并列举俾斯麦的例子对他们说："只要诚心诚意地劝说，就算是政党也不会一味反对政府。各位还是太年轻了，不理解政治的实质。"

也许伊藤因为制定宪法的伟业而有些飘飘然，如果他真心认为能够通过"诚心诚意的劝说"压制住民党的反政府活动，贯彻超然主义的话，这项政治判断未免过于天真。用不了多久，他就充分看清了不了解政治实质的是他自己。

伊藤从贵族院议长转为枢密院议长，置身事外地看到了第一届山县内阁和第一届松方内阁的议会对策，认为两届内阁的政治管理都过于拙劣。特别是在第二议会审议预算时，松方内阁因为与民党发生冲突解散了众议院，之后以品川弥二郎内相为中心强行干涉选举，伊藤对这些做法抱有强烈不满。

明治二十五年（1892 年）初，在选举干涉进行得如火如荼时，伊藤表示要辞去枢密院议长一职，同时上奏明治天皇，表示自己必将"亲自组织标榜天皇主权之大义的政党，压倒自由民权主义党派支援内阁"。他迅速明白了用干涉选举的力量已经很难压制住民党，为保证政局安定，只能组织新的强势执政党，或者制造适当条件让民党成为执政党。在不拘泥于原则，能够顺应形势改正自身错误这一点上，伊藤具有相当机敏的判断力。

但是，伊藤的计划未能实现。以山县为首，松方、井上、黑田等人在暗中反对这项计划。除陆奥宗光等少数两三个人之外，几乎没有人支持伊藤组织政党，就连天皇本人也再三劝阻伊藤。

这段时间，在松方内阁内部，品川内相、桦山海相等主张强硬对抗民党的"武断派"，与陆奥农商相等主张采取绥靖对策的"文治派"冲突激化，局势到了不可收拾的地步。当然，"武断派"的背后站着山县，"文治派"背后有伊藤作为后盾，这两人在暗中控制着这场冲突。

最后，松方首相勉强撑过第三议会后，留下一个分裂的内阁。山县、黑田、松方等元老暗中推举伊藤继任首相。所有人都认为现在只有伊藤能收拾这个困难的局面了。伊藤稍有犹豫，最终决定在"明治政府末路的一战"中亲自上阵，提出所有元勋，特别是山县必须入阁的条件后同意继任首相。伊藤十分清楚，如果没有山县的协助，他绝对无法维持内阁的稳定。

第二届伊藤内阁从明治二十五年（1892年）八月持续到二十九年九月，共计四年一月有余，中间发生了甲午战争，时间仅次于明治宪法史上最长的第一届桂内阁的四年零七个月。其间，国内政治形势发生了巨大变化。明治前期，政界的对立形势是以藩阀势力与政党势力为坐标轴的横向对立，在第二届伊藤内阁和众议院多数党自由党的合作下，随着藩阀的政党化，政界的对立形势开始转变为纵向对立。

明治二十六年（1893年）二月，伊藤借天皇的威势采取了诏敕战术，发布《和衷协同的诏敕》。以此为契机，众议院中政府与民党的预算纠纷总算告一段落，政府与自由党的关系变得亲密。另一方面，松方内阁时"武断派"的核心人物品川弥二郎和西乡从道结成了国民协会，在外部牵制伊藤内阁。另外，改进党与国民协会、国权主义团体以及枢密院、贵族院中的反政府派联手主张强硬外交，开始以此攻击政府。两派的争论点从预算问题转移到了外交问题上。明治二十六年的第五议会和二十七年的第六议会中，伊藤内阁再次解散众议院正是因为外交强硬派发起了"现行条约励行运动"。

甲午战争之后，在野党对政府的攻势逐渐高涨，认为是政府的失策招来了三国的干涉，伊藤内阁与板垣退助担任总裁的自由党之间反而合作得十分顺利。明治二十八年十一月，自由党公开宣布将与伊藤内阁在战后治理上共同合作，合作的条件是其获得内相的位置。第二年四月，伊藤遵守约定让板垣入阁担任内务大臣。虽然板垣辞去了自由党总裁的职务脱离党籍，不过此事依然意味着第二届伊藤内阁是藩阀与自由党的联合内阁。

但是，板垣就任内相给内务官僚们造成了很大冲击。他们对伊藤首相的做法有强烈不满，并与研究会（清浦奎吾⑫等人）、茶话会（平田东助⑬等人）等贵族院的官僚派联合，排挤板垣的情绪逐渐高涨。不可否认的是，在官僚势力动作的背后恐怕隐藏着山县的影子，伊藤与自由党的合作让他很不愉快。

另一方面，伊藤并不满足于仅仅和自由党共同建立联合内阁。他计划让萨摩派松方再次入阁，松方此前因为在战后治理上与伊藤意见不合而脱离内阁。同时，他希望率领进步党（改进党前身）的大隈重信入阁担任外相。这就是伊藤想要实现的举国一致内阁构想。但由于板垣和自由党强硬的反对态度，他未能实现内阁改造的政愿，在明治二十九年（1896年）九月果断放弃了内阁。

松方代替他再次就任首相，大隈重信担任外相，和进步党共同组成联合内阁（松隈内阁）。随着藩阀的政党化，政界结构逐渐走向纵断化，政党在政治中占据的比重进一步增加。

◇ 元老会议上的激烈争论 ◇

但是，任何一个联合内阁都未能走远，藩阀势力和政党的合作只能暂时掩盖矛盾。第二届松方内阁持续了一年有余，最后，萨摩派与进步党终究还是迎来了决裂的结果。明治三十一年（1898年）一月，伊藤第三次执掌政权。他先与进步党谈判，接着策划了与自由党的合作。但由于合作条件始终谈不拢，第三届伊藤内阁在没有执掌执政党的前提下，不得不以纯粹的超然内阁[14]的姿态出发。在众议院内部，伊藤内阁在与自由党、进步党两个在野党两党联盟的对决中遭遇惨败。考虑到战后治理的财政来源，伊藤提出增加地租征税，结果被压倒性的反对票彻底否决。

众议院立刻被解散，但两个在野党士气高涨，打算趁此机会一笔勾销多年的恩怨，一举打破藩阀统治夺取政权，于是在明治三十一年六月共同结成了宪政党。

伊藤被逼到绝境，为了对抗宪政党，他呼吁实业界及有识之士，打算亲自出山试图结成政党。阁内的井上馨藏相和金子坚太郎⑮农商相等人也表示赞同。但依然是山县有朋站出来强烈反对，他的理由是，虽不反对政府外部的人组织政党支持政府，但政府内部有势力的人若是组织政党，他日必将走向政党内阁制的道路。无论是从道理上还是政策上，他都不能赞成。

内阁中，仰仗山县鼻息的桂陆相和芳川内相等人自然也强烈反对。特别是桂，他对伊藤提出的意见相当强硬，表示如果元老全部出来组织内阁，宪政党将不胜惶恐，怕是会多次解散众议院甚至中止宪法。

六月二十四日，伊藤、山县、黑田、井上、西乡、大山纷纷出席元老会议。不出所料，伊藤和山县一上来就发生了正面冲突，进行了激烈的辩论。伊藤表示要辞去首相职务结成政党，山县反驳说辅佐陛下的元老如果成为政党首领，将失去中立的立场。伊藤又表示，既然如此，他将归还一切官职和爵位功勋，以平民身份结党。山县又反驳说，就算如此，这也会实际打开政党内阁制的道路，有悖钦定宪法⑯的精神。

经过激烈的辩论，伊藤失去了耐心，抛出继任首相的话题，表示只能从宪政党首领大隈和板垣两人中选出一人。列席的各位元老瞬间目瞪口呆。短暂的沉默后，山县开了口。他站在否定政党内阁的立场上反对伊藤的提案，其他元老纷纷站在山县一边。但当伊藤稍微冷静下来之后，他反问在场诸位有谁能继任首相一职时，所有人都面面相觑，现场一片沉默。伊藤便乘胜追击转向山县，气势逼人地问他是否能接下这份重任，山县立刻拒绝。其他元老自然也没有火中取栗的自信，自认无法与占据众议院绝大多数的政党为敌。

　　元老会议最终未能得出任何结论，伊藤立刻提交辞呈，并且归还了一切荣誉和爵位。第二天，元老会议再次召开，伊藤缺席。但这次会议同样未能提出有效的对策，最终决定奏请天皇，由大隈和板垣共同组阁。

　　于是，明治三十一年六月三十日，隈板内阁成立。阁僚中，除陆相桂太郎、海相西乡从道留任以外，大隈首相和板垣首相以下的所有职位均由宪政党党员占据。这就是日本最早的政党内阁。

　　当天，伊藤正式卸任内阁总理大臣，但他归还所有官阶爵位的请求没有得到许可，最终不得不放弃组织政党的想法。

　　另一方面，山县在不久后给亲信的信中写道：

　　"此为本朝政局的一大变动。从各种消息中都能看出，明治政府的城池已经陷落，如今已是政党内阁的天下。我这个败

军之将已经没有插足的必要了，只有隐退一途。"（《公爵山县有朋传》下）

但是，山县并没有真的引退。相反，可以说从这时起，山县为了防止政党势力渗透进政治中枢，一直隐藏在政治舞台的幕后，开展全智全能的政治活动。

◇ 伊藤与立宪政友会 ◇

伊藤结成政党的计划两次受阻，但他绝没有放弃初心。辞去首相职务后，他游历中韩两国，在大隈内阁由于分裂倒台，第二届山县内阁与宪政党（旧自由党）合作建立后回到政界。在山县与宪政党的实力人物星亨[17]虚虚实实讨价还价时，伊藤悄悄在心里制订了结成政党的计划，去往关西、"中国"地区[18]、九州地区展开游说工作。

这时，山县内阁与宪政党之间已经因为文官任用令等问题出现嫌隙，以星亨为首的宪政党干部热切关注着伊藤举手投足间的动作。他们猜测与山县内阁的合作将不再长久，得知伊藤结成政党的意图后，准备瞄准时机改换门庭。

明治三十三年（1900 年）五月，宪政党提出希望阁僚入党或者党员入阁的要求被拒绝后，立刻发表声明与山县内阁断绝关系。第二天，星亨和松田正九已经在大矶的别墅与伊藤会面，希望他出任宪政党党首。他们以前就希望能让藩阀首脑加入政党。

但是，伊藤没有贸然同意他们的要求，采取了慎重的态度。在伊藤犹豫期间，宪政党解散，并已做好准备，决定与伊藤担任党首的新政党合并。伊藤经历了两次失败后，决定事先争取山县的同意。

面对伊藤第三次认真组织政党的想法，山县已经不能直接反对了。伊藤在给伊东巳代治的信中写道，"含雪（山县）首相已经同意，内部关节已经全部打通"。于是，在本章开篇提到的、控制众议院大多数人的立宪政友会就此创立，成员为伊藤派的官僚和实业界的一部分人物以及旧宪政党党员。

尽管当上了政党的总裁，但这绝不是说伊藤决定标榜政党内阁主义。在政友会宣言中，他依然在明面上主张反对政党内阁主义，表示"阁臣的任免要遵循宪法，其简拔择用，或选择政党党员，或选择党外人士，皆以元首的自由意志为准。若被推举担任辅弼之职，当其行献替之事，纵然是党员政友，亦不容置喙"。

伊藤将自己的新党命名为"立宪政友会"，特意避开了"党"字，正是反映了他的上述理念。

尽管如此，立宪政友会的成立依然超越了伊藤本人的想法，在此后日本政党政治的发展中起到了划时代的作用。政友会在此后的 40 年中，有 2/3 的时间占据众议院第一大党的位置，单独执掌政权 11 年有余。无论如何，政友会的建立明确并巩固了明治宪法体制下政党的地位。

◇ 短命的第四届伊藤内阁 ◇

政友会成立一个月之后，伊藤率领政友会第四次组织内阁。除陆相、海相、外相之外，所有阁僚全部由政友会会员组成。但是，受山县影响的官僚派主流官员及贵族院议员都没有参加政友会，他们共同形成了伊藤内阁的敌对集团。为了预算案能够通过审议，伊藤不得不对贵族院低声下气，卑躬屈膝。后来，山县最大的竞争对手原敬指出，"山县与伊藤性格不同，他不会表面反对，而会在暗中深深记仇"（《原敬日记》），山县派势力对伊藤政友会内阁的反对行为正反映出了山县的上述性格。

最终，内阁内部也出现了对立，第四届伊藤内阁在短短 8 个月后宣告解散。不久后，伊藤被忌惮他这位元老总裁的山县和桂太郎推到了枢密院议长的位置上，不得不将政友会总裁的位置让给了西园寺公望。

伊藤作为政党指导者绝对称不上成功。在政友会的章程中，总裁几乎拥有相当于独裁者的权限，但伊藤并不精于党务，无法充分发挥控制政党的领袖能力。最重要的是，对于国家元老伊藤来说，政友会并非命运共同体。

明治三十四年（1901年）六月，桂太郎组织内阁。阁僚中并没有元勋人物，核心人物是山县派官僚出身的年轻人。自从制定了内阁制度以来，伊藤、山县、松方等人在十几年间轮流执掌政权，此后便以元老的身份在幕后操纵政治，不再直接执掌政权。

宪法对元老的权限没有任何法律规定。只是他们从明治初年开始亲手建立了新的国家体制，有了这个历史现实的支撑，他们便可以作为"超越法规的存在"行使政治影响力。每当内阁更替时，按照惯例，元老们会答复天皇咨问，向其推举继任首相。此外，他们还会参与国家外交等重要国务计划的制订。

位列元老的有伊藤博文（长）、黑田清隆（萨）、山县有朋（长）、松方正义（萨）、井上馨（长）、西乡从道（萨）、大山严（萨）七人。在明治末年到大正初年，桂太郎（长）和西园寺公望（公家）二人加入。除西园寺公望之外，位列元老的都是萨长两藩出身的藩阀政治家。

其中，若要指出现代国家建设期的代表政治家，首先要提到的就是伊藤和山县。

◇ 对比鲜明的人格 ◇

从此前的内容中可以看出，两人在各方面都形成了鲜明对比。传记作家小松绿评价："像春亩公（伊藤）和含雪公（山县）这样性格迥异但实力相仿的对手十分难得，他们确实棋逢对手，就像龙与虎，麒麟与凤凰，是难以分开看待的对手。

"从容貌来看，两人一个丰颊硕躯，长相浑然温厚，一个脸长瘦削，尽显严谨稳重之风；一人豪爽雄辩，一人沉默寡言；一人是宰相之才，一人是统军之帅，从外表就能立刻看出来。"（小松绿，《春亩公和含雪公》）

伊藤从幕末时期开始屡次出国，具有国际视野，对"世界的大势"有充分理解，能够在新时代的发展中采取灵活的态度，作出敏锐明智的判断。他出身农民，最终夺取天下，经常被比作丰臣秀吉。他本人对被称为"日本俾斯麦"一事并不认同。与伊藤关系亲近的德国医生贝尔兹也表示，虽然伊藤取得的政治成就与俾斯麦相似，但两人在政治管理的方式上完全不同（《贝尔兹日记》）。他在内政、外交各方面都采取了稳健的政策，考虑周全，没有俾斯麦那样武断。*Japan Mail*（《日本邮报》）的主笔、英国人普林克利认为，比起俾斯麦，伊藤更加平和，这一点与威廉·尤尔特·格莱斯顿[19]更加相仿。伊藤确实不像前辈大久保利通那样刚毅果决，他的性格中有些乐天的成分，因此经常在政治预想上暴露出天真的部分，不过他在任何事上都能果断放弃，自我修正能力很高。但这种性格的缺点就在于不够坚韧，多变，容易放弃。据说，第一届松方内阁时期，明治天皇曾经评价伊藤"才华过人但经常改变主意，无法从一而终"（津田茂麻吕，《明治圣上与臣高行》），可谓相当准确。

在这一点上，山县要现实得多。人们对他的评价是"武断派"，但是他绝非单凭力量镇压反对派。他能够从军事观点思考政治策略，永远不忘周密慎重的安排。拥有坚定的权力意志是政治家不可或缺的品质，山县在这一点上也比伊藤更胜一筹。在陷入困境时，伊藤经常会自暴自弃地做出大胆的行动，而山县会始终隐忍自重，耐心找机会恢复势力。日俄战争前的日本充满了主战气氛，而山县直到最后都反对开战，正体现出了他慎重耐心的性格（参见第 6 章）。

在性格方面，伊藤是阳，山县是阴，两人形成鲜明的对比。伊藤性格开朗、能言善辩，充分相信自己的才能，性格中有幼稚的部分。人们都知道他好女色，他本人也并没有刻意隐藏这一点。他能够和普通百姓轻松地交流，在天皇面前也可以毫无惧色侃侃而谈。也许正是因为他的性格，他在平民中的人气远远超过山县。据说，明治天皇也感受到山县略显古板的性格，在两人中更加信任伊藤，经常与他谈心。

◇ 组织派阀能力的区别 ◇

但不知为何，伊藤始终无法顺利组织派阀。伊藤派的政治家以他的发小井上馨为首，还有陆奥宗光、西园寺公望、井上毅、伊东巳代治、金子坚太郎、末松谦澄等人，但这并非牢固的排他性团体，称不上伊藤派阀。

伊藤的性格中有些反复无常的部分，面对能力优秀的人，哪怕是第一次见面也能毫不犹豫地提拔，但是对长年以来为他效力的人却不一定会特别优待。因此，伊藤经常被评价为冷漠。也有像伊东巳代治这样的人，原本站在伊藤一方，后来投奔了山县。也许正是因为这样，尽管伊藤的崇拜者很多，但他身边并没有牢靠的派阀团体，而伊藤本人也以不组织派阀为荣。

与他相反，山县严谨耿直、深沉寡言，绝不会与交情尚浅的人畅谈。但接触几回后，只要他能够认可对方的能力和人格，他就会逐渐交付重要的工作，并且给对方提供合适的职位，而且经常在背后关照。在政敌眼中，这是"阴险"或者"冷酷"的表现，但受到他知遇之恩的人会觉得他很可靠。"山县这个人就像甜玉米，越嚼越有味道。"（德富苏峰的评价）

众所周知，山县周围形成了巨大的派阀，以陆军及内务省为首，势力甚至波及了枢密院及贵族院。山县系派阀中有陆军的桂太郎、寺内正毅[20]、田中义一[21]，官僚界有白根专一[22]、野村靖㉓、清浦奎吾、平田东助、芳川显正、大浦兼武㉔等，派阀成员来自各界，都是有实力的人物。

山县之所以能组织如此巨大的派阀网，很大程度上是因为上文提到的他的待人接物方式。他以这张派阀网为政治资产，在明治三十五年（1902年）后建立起远超伊藤的庞大政治势力。虽说伊藤的名声和人气同样极高，但他从政友会总裁的位置退下后，在国内的实际势力与山县相比确实略逊一筹。

日俄战争后，伊藤担任韩国㉕统监，在人生的最后阶段为韩国问题忙得不可开交。辞去韩国统监后不久，伊藤于明治四十二年（1909年）十月二十六日在哈尔滨车站附近被韩国青年射杀，享年68岁。山县听到伊藤遇害的消息后回顾两人从幕末开始的50多年交情，遂为这位与自己势均力敌的对手哀悼："半生劲敌先我去，此后该当如何哉。"

这位"藩阀巨头"在伊藤亡后的十余年间以真正的元老第一人的身份称霸政坛，后于大正十一年（1922年）二月一日离开人世，享年83岁。

"文治派"的伊藤亡于暗杀者的子弹，"武断派"的山县寿终正寝，死在了自己家中，这难道不是历史的些许讽刺吗？

【译者注】

①　山县有朋（1838—1922 年）：日本首相（1889—1891 年，1898—1900 年），陆军将领。长州藩士出身。明治初年任陆军卿、内务卿等职。1889 年组阁，积极策划对外扩张。次年升任陆军大将。中日甲午战争时任第一军司令官、大本营监军，兼任陆相。1898 年获元帅称号，再度组阁，任内日本参加八国联军。日俄战争中任参谋总长兼兵站总监。为陆军长州阀巨头。

②　立宪政友会：简称"政友会"，日本政党。1900 年由伊藤博文创立。代表日本封建地主和财阀及具有这种背景的政客利益，并受三井财阀直接支持。

③　"黑船来航"事件：1853 年美国以炮舰威逼日本打开国门的事件。日本嘉永六年（1853 年），美国海军准将马修·佩里和祖·阿博特等率舰队驶入江户湾浦贺海面。最后，日本于次年签订《日美和亲条约》（又称《神奈川条约》）。

④　大村益次郎（1825—1869 年）：日本近代史上著名的军事家，在长州藩进行军事改革、指挥讨幕军打败幕府军和创建日本近代军制中，起过重要作用。

⑤　伊东巳代治（1857—1934 年）：长崎人。1882 年随伊藤博文赴欧洲考察宪法，回国后与井上毅等参与明治宪法的制定。后历任枢密院书记官长、贵族院议员、第二届伊藤博文内阁书记官长、第三届伊藤内阁农商务大臣、枢密顾问官等职。

⑥　东久世通禧（1833—1912 年）：幕末至明治时代公卿。

1871年任侍从长,并随岩仓具视出访欧美。1882年为元老院副议长,1888年为枢密顾问官,1890年为贵族院副议长,1892年为枢密院副议长。

⑦ 美浓部达吉(1873—1948年):日本宪法学、行政法学家。兵库县高砂市人。1900年就任东京帝国大学比较法制史助教。1911年受文部省委托编写《宪法讲话》,翌年出版。提出"天皇机关说",主张天皇仅作为国家最高机关而行使统治权,而主权应属全体国民。

⑧ 天皇机关说:明治宪法下的学说之一,主张统治权归属于国家这个法人,日本天皇只是宪法下的最高统治机构。

⑨ 青木周藏(1844—1914年):日本外交官。长州藩藩士出身。1874年任驻德公使,后兼任奥地利、荷兰公使。1886年任外务次官,协助井上馨外相同列强谈判修改条约。1889年出任山县内阁的外相,致力于对等条约谈判。后因1891年俄皇太子被袭击的"大津事件"而引咎辞职。

⑩ 第一议会:全称为第一次帝国议会。日本经过自由民权运动以后颁布的《明治宪法》中规定,由贵族院与公选代议人士组成上院和下院的两院制体制,并召开民主议会,即帝国议会。从明治二十三年(1890年)至昭和二十二年(1947年),议会召开了92次。而初期议会则简称为"第×议会"。

⑪ 片冈健吉(1844—1903年):日本政治家。土佐藩士出身。参加过戊辰战争。在"征韩论"争论中败北,翌年辞官,参加筹建

立志社和自由民权运动。1877 年，代表立志社提出《国会开设建议书》。1880 年，作为国会期成同盟的代表提出《开设国会请愿书》。国会开设以后，连续当选为众议院议员，并任副议长、议长等职。自由党解散后，参加宪政党。1900 年，参加立宪政友会，后脱党。

⑫　清浦奎吾（1850—1942 年）：日本熊本县人。历任司法官、贵族院议员、司法大臣、农商务大臣、枢密院议长，1924 年出任日本第 23 任首相。由于其内阁成员均由贵族院议员出任，招致护宪派人士的强烈批评，上任仅 5 个月便辞职。

⑬　平田东助（1849—1925 年）：日本明治、大正时期官僚，政治家。历任农商务大臣、内务大臣、内大臣。以"山县有朋之侧近"而闻名。

⑭　超然内阁：不以政党为基础，超然于政党之外的内阁。1889 年《明治宪法》颁布后，首相黑田清隆、枢密院议长伊藤博文宣称，政府不受政党约束，独立实施政策。之后，藩阀官僚，特别是山县有朋系统的官僚所组成的内阁，一贯坚持抑制政党势力发展的超然立场。

⑮　金子坚太郎（1853—1942 年）：日本法学家。福冈藩士出身。1871 年赴美学习法律、政治。精于西方法律、议会制度，为《明治宪法》主要起草者之一。历任枢密顾问官、临时帝室编修局总裁和维新史料编纂局总裁。著有《帝国宪法制定之由来》等。

⑯　钦定宪法：基于君主主权的思想，由君主或以君主的名义制定和颁布的宪法，如 1889 年日本明治天皇颁布的《明治宪法》。

钦定宪法是封建君主迫于社会要求民主的压力而制定的，对民主政治作点缀式规定，而主要是以宪法的形式规定了至高无上的君权。

⑰ 星亨（1850—1901年）：日本明治时期的政治家，自由党领袖。他热衷学习西方的学问，在各地从事英语教师的工作，得到陆奥宗光的赏识。

⑱ "中国"地区：日本地区名称。平安时代，日本模仿中国唐朝的律令制度，规定"凡诸国部内郡里等名，并用二字，必取嘉名"。并以当时的首都京都为中心，根据距离远近将国土命名为"近国""中国""远国"三个地区。"中国"实为"中部地区"之意，这一名称沿用至今。"中国"地区在行政区划上一般包括鸟取、岛根、冈山、广岛、山口五个县。

⑲ 威廉·尤尔特·格莱斯顿（William Ewart Gladstone，1809—1898年）：英国政治家，曾作为自由党人四次出任英国首相（1868—1874年、1880—1885年、1886年以及1892—1894年）。

⑳ 寺内正毅（1852—1919年）：日本军事家、政治家，第一次世界大战期间任日本首相（1916年10月至1918年9月），陆军元帅。山口县人。宇田多正辅的第三子，后为寺内勘右卫门的养子，曾参加戊辰战争。日本设立朝鲜总督府后，就任第一任总督。

㉑ 田中义一（1863—1929年）：日本首相（1927—1929年），陆军将领。曾任参谋次长和陆相。1921年升陆军大将。1925年退役后任政友会总裁。首相任内推行对华"强硬"外交，召开两次"东

方会议"，制定具体的侵华方针。出兵中国山东，并积极策划侵占中国东北；对内制造三一五事件和四一六事件，镇压工人和民主运动。1928 年发生皇姑屯事件，次年辞职。

㉒　白根专一（1850—1898 年）：日本明治时代内务官僚、政治家。出身长州藩。历任爱媛县、爱知县知事，内务次官，递信大臣，宫中顾问官，贵族院议员。从二位勋二等男爵。

㉓　野村靖（1842—1909 年）：日本江户时代末期至明治时代武士（长州藩士），官僚、政治家、外交家。

㉔　大浦兼武（1850—1918 年）：幕末时代萨摩藩藩士、明治至大正时代警察官僚、政治家。

㉕　韩国：指 1897—1910 年的"大韩帝国"。全书同。

第 4 章

初创期的政党领导者们

◇ 国会开设运动高涨 ◇

从大正（1912—1926 年）末期到昭和（1926—1989 年）初期，日本的政党政治终于以宪政下的常规方式被确立下来。立宪政友会和宪政会①（即后来的日本立宪民政党②）两大政党轮流掌握政权，扮演政治舞台的主角。虽然这样的光景仅仅持续了不到 10 年，但确实是第二次世界大战前日本政党政治的全盛时代。

这两大政党的源头可以追溯到大约半个世纪前。明治前期，自由民权运动活跃的时代诞生了两个政党——自由党和立宪改进党。

自由党开始结成是在明治十三年（1880 年）。当时，全国范围的国会开设运动气氛高涨。那一年三月，高知立志社等自由民权派地方政治结社集合在大阪，召开了第四届爱国社大会。第三届爱国社大会于前一年的十一月举行，会上决定向政府请愿在第二年开设国会。各地政治结社为准备此事均派出了游说委员去全国各地游说，各地有志青年纷纷在大阪集合，准备参加第四届大会。爱国社旗下的政治结社共派出了 27 名代

表，其他团体共派出了数十名代表，合计114人。(《自由党史》)

会议盛况空前，但是因为众人对议事过程不熟练，再加上一些人对立志社掌握会议主导权一事不满，会议现场相当混乱，纷争不断。

发言中不断掺杂着起哄声和怒吼声。因为无法控制场面，议长片冈健吉（立志社）宣布暂时退场休息。副议长西山志澄（立志社）代替他坐上议长席后，会议重新开始，但依然未能平息混乱。西山终于大怒，严厉地斥责道，如今正是反抗政府专制、请求开设国会的重要时期，怎么能露出这副丑态，诸君自便吧！随后，他愤而退场。

进入四月后，会议依然完全没有进展，政府抢先发表了集会条例。这下众人再也不能马虎大意，终于停止内部争端，成立国会期成同盟③，选出片冈和河野广中④两人作为代表，制订计划向政府提出开设国会的诉求。此后，片冈和河野来到东京，并于四月十七日代表87000名有志人士面见太政官，提交了"开设国会的请愿书"。

负责接待的书记官告知他们应该直接提交给元老院。两人来到元老院提交了请愿书后，虽然暂时被受理，但不久后却得到消息，元老院可以受理普通的建议书，而这份文件是请求天皇开设国会，元老院无法转奏。两人与书记官争论许久，请愿书终究还是被退了回来。

因此，国会期成同盟向政府上呈的允开国会请愿书最终未能面世。当年，各地民权派政治结社的代表纷纷带着请愿书、建议书涌向太政官、元老院的门前。国会开设运动迎来了一波高峰。

在这种局势下，国会期成同盟于明治十三年十一月在东京召开第二次大会，商议今后的方针政策。这次会议提出比起国会开设运动，如今强化自身组织更为紧急，特别是巩固地方团结是当务之急。植木枝盛⑤、衫田定一、河野广中等人提出应该改组国会期成同盟，组织一个标榜自由主义的政党。尽管支持此项意见的人尚未过半，不过主张成立自由党的人们在保留国会期成同盟的同时另行组织了自由党集会，已经开始着手准备成立政党。

同年十二月，自由党集会制定了四条《自由党盟约》。第一条的内容是："我党主张并保护日本人民扩充自由的权利。"参加集会的除了植木、河野，还有山际七司（新潟）、松田正久（佐贺），由东京嘤鸣社⑥的沼间守一⑦担任主席。

众人将东京横滨每日新闻社作为中央通信处，推选沼间为主任委员，约定第二年十月再次相会，然后纷纷回到地方开始组织活动。

当时，集众人期待于一身的自由党党首候选人是板垣退助。他当时正在故乡高知观察天下情势，在竹田网、植木枝盛的请求下不慌不忙地重新出山。明治十四年（1881年）九月，板垣来到神户，在戎座召开政谈演讲会，在5000多名听众面前发表演说，主张"未开化的人民也应该有平等的权利"，大谈开设国会的必要性。此后，板垣沿海路来到横滨，九月十六日，在民权派有志之士的热烈欢迎下进京。《自由党史》记载了当时的情景：

"十月的大会已经近在眼前，全国自由主义的同志们闻风而起，早早来到东京，是日成群结队前往新桥迎接板垣，络绎不绝。其中有沼间守一、河津佑之等人率领的嘤鸣社，中江笃介的佛学塾，马场辰猪、大石正巳、末广重恭等人的国友会，《东京经济》杂志的田口卯吉。年轻一辈中还有福地源一郎等人倒屣相迎，他们曾在《东京每日新闻》上拥护政府，鼓吹开设国会为时尚早。另外，属于三田福泽派的交询社、纯大隈派、中立派纷纷派出代表前来欢迎，天下靡然。"

这段记述略显夸张，不过当时天下人确实全都关注着板垣的一举一动。板垣已经公开宣称结成政党是当务之急。不久后，他便带领亲信去东北游说，并于十四年十月回到东京。国会期成同盟决定成立自由党，开始起草组织草案并进行审议。

◇ 大久保死后的明治政府 ◇

让我们把目光转回大久保利通被暗杀后的明治政府。

大久保死后，他的后继者在世人眼中依然无法摆脱二线年轻小辈的形象。大津淳一郎曾经这样写道："大久保参议的死是政府的不幸，对萨长两派都是巨大打击。在木户、西乡死后，身负朝堂重任的只剩下大久保一人。而在他死后，政府里已经没有能够取代他的核心政治家。虽说当时并非没有能够代替大久保成为政府核心人物的候选人，比如担任文职的大隈重信和伊藤博文，陆军的黑田清隆，但这些人都属于二流政治家，才能有余但人望不足。"（大津淳一郎，《大日本宪政史·第二卷》）

事实上，当时政府内外都有大久保死后明治政府前途堪危的声音传出。人们对政府产生了怀疑，不知道此前一直在大久保的指导下实施的各条改革路线今后能否继续推进。

但是，政府在因"征韩论"之争分裂后，大久保政权的内阁中已经出现了众多第二代实务派政治家，比如大隈重信（大藏卿）、伊藤博文（工部卿）、山县有朋（陆军卿）、黑田清隆（开拓使长官），他们的年龄大多在30多岁。

在这些人中，作为大久保的左膀右臂全力推进发展振兴产业政策的当数大隈和伊藤。两人为大久保提供了很多新知识，大久保也对两人青眼有加。政变刚刚发生后，在明治六年（1873年）十月二十五日，大久保曾拜访大隈的宅邸，并且叫来伊藤，三人在会谈中约定会齐心协力共克时艰。大隈在废藩置县后已经当上了参议，是新任参议伊藤的前辈，两人分别通晓外交和财政问题，是颇有才能的宝贵人才，大久保对两人的知识和手腕也评价颇高。

因此，尽管大久保利通出人意料的死亡对明治政府来说自然是一次重大的冲击，不过政府中并不缺乏能够担起建设现代国家重任的后起之秀。伊藤立刻接过大久保的衣钵就任参议兼内务卿，并且推举身在欧洲的井上馨回国担任参议兼工部卿。

长州出身的井上是伊藤的发小，大久保大藏卿此前出国时，井上以大藏大辅的身份全权负责留守政府的大藏省事务，是屈指可数的财务精英。不过，因为他与实业界关系亲近，经常有传言说他与企业有金钱上的往来。此前已经提到，岩仓使节团去欧美考察时，他身在留守政府遭到了西乡派势力的猛烈攻击，后来又受到尾去泽铜山事件牵连，被司法卿江藤新平严厉追究责任，不得不退出政府。下野后，他在大阪会议等场合为调节大久保与木户、板垣之间的关系来回奔走，后以元老院议官的身份回到政府，不久后以考察财政、经济为由前往欧美各国，在伦敦听说了西南战争和大久保被暗杀的消息。

不过，让井上进入内阁并不是一件容易的事。佐佐木高行、元田永孚、土方久元等天皇身边的侍从集团和萨摩派的一部分人提出强烈反对，天皇受此影响，在这项人事安排上一时面露难色。表面上的原因是尾去泽铜山事件和井上辞去大藏大辅时的言行问题，其实背后一定隐藏着对大久保死后长州派在政府内部扩张势力的警惕。

但是，参议兼大藏卿大隈十分欣赏井上的财政手腕和外交经验。据说，他坚持主张任用井上，试图说服天皇，萨摩派的黑田也支持他的意见。因为太政大臣三条实美和右大臣岩仓具视同样支持起用井上，虽然过程缓慢，井上最终还是被任命为参议兼工部卿，在第二年转职为外务卿，致力于修改条约的谈判。

另外，在此之后，萨摩派的西乡从道、川村纯义被任命为参议，分别兼任文部卿和海军卿。这当然是出于保持萨长两方势力均衡的考虑。9名参议从出生地来看，萨摩有4人，长州有3人，肥前有2人。虽然从数量上来看萨摩派最多，不过长州势力人才济济，有伊藤、井上和西乡死后升任陆军总帅的山县有朋，而萨摩派在大久保死后人才匮乏，从实际势力上来看，长州略胜一筹。萨摩派中地位最高的是黑田清隆，遗憾的是，他身负杀妻的传言，而且酒品不好，人望略差。

因此，三宅雪岭在《同时代史》第二卷中说："大久保的横死虽说实属意外，却并没有对政府造成太大打击，反而给了长州势力发展的机会。"这个评价基本击中了问题的要害。

在大久保继承人团队中，大隈重信、伊藤博文、井上馨是最有实力的三人组。其中，大隈重信作为参议的资历最深，是三人中的领头人，他在外交和财政方面的才能很早就得到了政府的公认。虽然有爱说大话的毛病，不过他性格开朗，能言善辩，身上总是散发着活跃欢快的气质。维新刚刚结束不久，他位于筑地的家中就经常聚集着众多同僚和后辈，仿佛《水浒传》中的水泊梁山。伊藤、井上也是"梁山泊"上的伙伴。

大隈长期担任大藏省的最高领导，因此在大藏省中形成了庞大的势力，在实业界中也与三菱的岩崎弥太郎⑧关系密切。他没有出过国，但三宅雪岭在《同时代史》中评价他"虽无出国经验却了解应该知道的知识，经常让出国归来的人惊讶"，可见他会有意识地从他人口中获取新知识。他与福泽谕吉的关系特别亲密，身边聚集了三田派的新近官僚和年轻记者，与舆论界的密切关系是他维持内阁势力的重要源泉。不可否认，这也是他此后在明治十四年的政变中被伊藤等人抨击的一点。

这样看来，最有意思的一点是，大久保的三位继承人都是性格活泼开朗、讲究排场、能言善辩的人，与性格冷静、刚毅果断、严谨沉默"就像北太平洋中的冰山"（福地源一郎评价）的大久保完全相反。是大久保特意选择了与自己性格相反的继承人呢，还是时代需要这样性格的人？抑或是纯属偶然？总之，这象征着动乱和流血的时代暂时结束，是相当有趣的现象。

◇ 开明派三人组 ◇

在明治十年初期的政府中，最重要的课题之一就是顺应自由民权派逐渐高涨的开设国会的要求，亲手建立立宪政体。

如前文所述，政府驳回了国会期成同盟开设国会的请愿书，不过这绝不是因为政府反对开设国会。本来，在明治初年提出制定宪法、通过公选开设议会等具体构想的并非民权派，反而是政府自己。众所周知，明治五年（1872年），政府以左院为中心制定了一系列具体方案。后来，政府内部围绕"征韩论"产生激烈对立，最终导致分裂，紧接着发生了士族叛乱等政治危机，这些方案最终未能实现。尽管政府对方案的具体内容和实施时间意见尚不统一，但不仅是自由民权派，明治政府首脑部也基本达成共识，认为制定宪法、召开议会、让国民拥有参与政治的机会、实现"君民共治"是日本在国际上与欧美列强并肩成为国际强国不可或缺的条件。特别是在参加过岩仓使节团、实地考察过欧美各国的议会、亲眼见证过立宪政治运转方式的政府掌权者心中，制定宪法、召开议会的愿望更加迫切。

当然，政府希望一切都由自己掌握主导权，在做好充分准备后循序渐进。明治八年（1875年），政府发布诏书，表示希望"循序渐进地树立国家立宪政体"，明治十一年制定府县会规则，从第二年开始在全国所有府县共同开设议会。

另外，在明治十三年至十四年民权派开设国会的请愿和结成政党的动作都进行得如火如荼时，政府以与之对抗竞争的姿态绘制了引入立宪政治的蓝图。

关于立宪政体的建设，大隈、伊藤、井上三人组作为政府内部的开明派采取了积极推进的态度。明治十二年（1879 年）以后，政府向各位参议征集建设立宪政体的意见，收集到的意见书内容相当丰富多彩。比如，参议中的保守派黑田清隆在意见书中提出现在开设国会为时过早，应该首先致力于积蓄国力，比如完善民法、刑法等法律，发展振兴产业，改善教育。

井上和伊藤的意见书则更加积极。井上在十三年七月给岩仓具视提交的意见书中写道，他认为目前最重要的任务就是"顺应舆论导向开设国会，彻底改变政府组织，确定政府在国家中的位置"。同时，他还提出在此之前应该制定民法，为此应首先废除元老院，从华族士族中通过公选及敕选设立"上议院"，由他们负责审议预算及法律，另外在制定民法和宪法方面，应该由内阁选出委员拟定草案，由"上议院"裁决。

而伊藤的意见书使用了上奏文的格式（十三年十二月提出），他表示开设国会、实现君民共治政治是众望所归，但是变更国体这样的大事不可操之过急，必须采取循序渐进的改革。作为准备工作，应该扩张元老院，在华族士族中发起公选，并且从对国家有功者中通过敕选任命议官，从府县会议员中通过公选任命审计员，和官选审计员一起检查财政。伊藤还主张由天皇来裁决国家未来的方向。

尽管伊藤和井上在开设国会一事上表现出相当积极的态度，但是两人都强调了作为前提，做好各项准备很重要。可以说，两人都支持循序渐进的做法。

大隈此时还没有提交意见书，其他人并不清楚他对立宪政治和开设国会的想法。但是，他看上去和伊藤、井上的步调相同。明治十四年正月，三人在热海会面，希望能让包括黑田在内的政府首脑达成共识，同意在近期开设国会。外人并不清楚当时三人对开设国会的具体内容和时间达到何种程度的共识，不过考虑到三人后来的分裂，恐怕当时并未讨论到详细的内容。

另外，三人首先劝说福泽谕吉负责发行政府机关报。福泽第一次拒绝了他们的请求，后来井上开诚布公地表示了开设国会的决心，并且保证在开设国会后会将政权交给最得民心的政党，于是福泽最终同意发行报纸。当时，福泽询问井上开设国会的时间，据说井上的回答是："此事不易，至少需要三年。"虽然无法明确知道井上说出这番话时是否经过了认真的思考和判断，不过如果内阁最有实力的三人组能够团结，致力于确立立宪体制，再加上舆论界的大人物福泽为他们争取在野势力的支持，绝对称得上如虎添翼。但是，正因为三人组的意志未能充分统一，在此后的政局中掀起了巨大的波澜。

◇ 大隈意见书激起的波澜 ◇

明治十四年（1881 年）三月，大隈重信向左大臣有栖川宫[⑨]炽仁亲王提交了开设国会的意见书。有栖川宫此前曾经要求过大隈提出意见书，但是大隈表示书面内容难以传达自己真实的想法，于是口头上奏了自己的意见。但有栖川宫强烈要求他提交书面文件，于是大隈只好提交了一份意见书。

意见书中一共写了七条，重点是三点：（1）采取英式议院（政党）内阁制，由议会多数党首领组成内阁，根据议会的信任度更替成员；（2）将官吏分为两种，一种是政党官员，随内阁更迭而更迭，另一种是永久官员，始终保持中立的立场处理行政事务；（3）明治十四年末到十五年初公布宪法，在十五年末举行总选举，在十六年初开设国会。

据说，受大隈指示，实际执笔这份意见书的是太政官书记官兼二等监察官矢野文雄[⑩]（龙溪）。他是毕业于庆应义塾的精英，经福泽的介绍进入官场，始终作为大隈的下属。此后不久，以福泽门下的学生三田为核心建立的交询社发表了《私拟宪法案》，与大隈意见书的内容相同，主张采用英式议院内阁制。

尽管大隈在提交意见书时请求有栖川宫保密，但有栖川宫考虑到这件事的性质，依然将意见书的内容告诉了太政大臣三条实美和右大臣岩仓具视。岩仓对其中远比其他参议激进的内容感到惊讶，暗中命太政官书记官井上毅调查，并且直接会见大隈，询问他的想法。

岩仓这样形容大隈意见书中的内容："大隈氏认为如今形势严峻不容迟疑，与其打开半边门让人们一拥而入，不如将两扇门同时打开，由百官有司共同努力，参考先进国的方式执行宪法，开设国会，这才是最适合今日情势的选择。我心中有疑问，再次询问他的想法与伊藤的论点是否有不同，他回答大致相同。"（稻田正次，《明治宪法成立史》上）

但是伊藤可不认为大隈与他的意见大致相同。六月，伊藤在岩仓的安排下得以看到大隈的意见书，他勃然大怒，说这是"出乎意料的激进言论"。他在写给岩仓的信中说：

"我熟读大隈此封意见书，认为这是出乎意料的激进言论，恕博文之辈愚钝，无法苟同。且博文与大隈对将来大势的着眼点亦大相径庭。以博文对历史的管窥之见，回溯欧洲变革轨迹，取得如今的成果并非大隈意见书中所说那般轻而易举。博文与大隈的想法在大方面终究背道而驰，实为遗憾与惶恐之至。在此基础上，博文深思熟虑，认为除辞去官位后再无他选。"（明治十四年七月二日，伊藤给岩仓具视的信）

伊藤表明辞官之意当然是为了表示其对大隈意见书的强烈反对。

伊藤之所以勃然大怒，并不仅仅是因为两人在立宪体制的基本构想和国会开设时间的问题上意见不同，而是他认为大隈的意见书采取了密奏的形式，而且背后有福泽的势力相助。

在伊藤看来，自己提出意见书时曾经让大隈看过其中的内容，征得过大隈的同意，而且后来两人与井上馨也约定好合作。尽管如此，大隈没有事先通知他们就擅自提交了如此重要的意见书，而且内容与三田派的私拟宪法案类似，他不得不怀疑大隈想要在政党内阁的观点上迎合民权派，与福泽手下的三田派联手，抛下自己和井上，单独掌握建立立宪政体的主导权。如果大隈的建议被政府接受，伊藤的政治立场将不可避免地变得相当不利。由此可见，伊藤强烈反对大隈的意见背后有着两人权力关系的较量。

大隈本人也没想到伊藤会勃然大怒。很难想象大隈是在制定了周密的政治战略后提出建议的。他并不想与伊藤等人全面对决，他脑中的假想敌应该是政府内部的保守派萨摩派才对。因此，在有栖川官的怂恿下，他略显轻率地提出了自己的大胆意见，说不定意见书的内容就是他的真实想法。从这一点来看，不能否认他的政治判断过于天真。大隈通过岩仓得知伊藤的愤怒后，急忙于七月四日拜访伊藤，努力解释自己并无恶意，但是伊藤表示三人在大久保死后明明发誓要同心协力，而大隈的行为背叛了他们的情谊，他强烈谴责大隈"身在参议的高位，却帮福泽那些人做事，太可笑了"。（《保古飞吕比——

佐佐木高行日记》，明治十四年十月四日）

无论如何，在这件事后，"筑地梁山泊"的盟友伊藤和大隈之间产生了巨大裂痕。伊藤的发小井上当然自始至终站在伊藤这边，于是建设立宪体制的开明派三人组之间出现了分裂的危机，大隈即将与伊藤和井上分裂。

◇ 被放逐的大隈重信 ◇

在政府内部的政治对立出现深化的苗头后，右大臣岩仓具视斥责大隈提出的英式议会主义宪法，认为应该树立普鲁士那样的君权主义宪法体制，并且坚定了起用伊藤作为调查负责人的决心。他在六月二十一日给三条实美和有栖川宫两位大臣的信中写道："大隈的建言断不可取，一切应与伊藤商议后方可决定。"他与伊藤商议后认为，应该设立宪法调查机构，这原本是岩仓的计划，之后由站在伊藤一方的井上毅提出建言（稻田正次，《明治宪法成立史》上）。七月五日，岩仓以养病为由西下，井上毅则起草了关于制定宪法基本方针的意见书并上奏。

这封意见书指出制定宪法的时机已经成熟，在对比探讨过英式立宪政治和普鲁士立宪政治的特点后，他认为日本处于立宪政治的创始期，站在渐进主义的立场主张应该制定普鲁士的君权主义宪法。意见书还列举了此后明治宪法中的多项基本构想，比如天皇的海陆军统帅权和文官任免权，两院制的议会，限制选举制度以及非议院内阁制等。

在此期间，井上毅仿佛从伊藤手中接过了制定宪法的大任一样开始积极行动。他一定是想在伊藤身边充分发挥自己在普鲁士宪法方面的知识，在起草宪法的过程中得到大展身手的机会。这样一来，他最大的对手就是大隈手下主张英式宪法论的福泽集团。也许正是由于这个原因，他经常给伊藤写信，提醒他以交询社的《私拟宪法案》为代表的三田派英式宪法论正在急速扩大影响，劝他尽快着手制定普鲁士模式宪法。

当然，明治十四年（1881 年）七月，伊藤和岩仓已经明确表示不采用英式议院内阁制，而是要制定普鲁士模式宪法。不过，他们当时并没有想过放逐大隈。特别是岩仓，他一定一直想极力避免大隈和伊藤的冲突造成政府内部纠纷。他致力于调停两人之间的关系，认为大隈对伊藤解释之后，两人之间已经冰释前嫌。事实上，伊藤和大隈的关系在表面上确实暂时缓和，但是因为两人在制定宪法的基本方针上意见完全不同，关系破裂不过是早晚的事。于是，十四年八月以后，随着开拓使出售官产事件浮出水面，政局急转直下，大隈最终被放逐。

本书篇幅有限，不能详述开拓使事件的原委。简单来说，就是以黑田清隆为中心，开拓使官营事业出售给关西贸易商会一事内定后，政府内外怀疑的声音高涨。在内阁中有大隈反对此事，民间各报社也一齐举行了反对活动，民权派对政府的指责声高涨。甚至有传言认为，大隈联合三田派和三菱，主张反对出售，以此来动摇"萨长"政府，以便将政权掌握在自己手中。

当然，大隈阴谋论太过夸张，但是由于在制定宪法方面存在意见对立，政府首脑们，特别是萨长派在政治危机面前对这个传言深信不疑。如果只是民权派单独攻击政府的话并不为惧，一旦他们和大隈这样在内阁中掌握大权的人结成同谋，事情就会变得严重，政府不能对此置之不理。

在九月初之前，以伊藤为中心的萨长派各位参议在东京确定了制定普鲁士式宪法的方针，发出开设国会的敕令，放逐大隈的方案已经基本确定。岩仓当时身处京都，九月十八日，山田显义作为参议代表将伊藤等人的决定传达给岩仓，征求他的同意。岩仓本以为伊藤和大隈已经和解，虽然他赞成伊藤制定宪法的基本方针，但始终不同意采取放逐大隈这样的极端手段。此后，参议们说服黑田中止了开拓使出售官产的行为。不愿意放逐大隈的岩仓在十月七日回到东京后与伊藤会谈，了解眼前不得已的情况后终于不情不愿地同意放逐大隈。

对大隈来说，更加不幸的是，他此时正随侍天皇在东北、北海道出行，不在东京。因此，政府内部在大隈不在东京的时候商讨了放逐他的方案，而大隈本人直到最终决定前几天都没有注意到异常。

十月十一日，天皇回到东京，内阁人员在大隈参议缺席的情况下匆忙召开御前会议，正式通过了放逐大隈的决定。当天夜里，伊藤和西乡作为使者前往大隈宅邸颁布天皇旨意，正式宣布罢免他官职的决定。已经知悉情况的大隈完全没有提出异议，安然接受，表示会在第二天奉上辞呈。

这件事对福泽来说可谓晴天霹雳。他此前似乎并不了解政府内部已经产生了激烈对立，直到政变前夕，他都坚信大隈、伊藤、井上一致同意开设国会并且建立英式议会政治。其实，福泽直到政变的两三天前才得知放逐大隈的计划，他听到此事后如雷轰顶，此事从伊东茂右卫门回到福泽家后的回忆中可以清楚地看出来。伊东茂右卫门作为福泽的使者曾经给随侍天皇出行东北的大隈寄了一封信（十月一日到达）和自己写的书（《时事小言》）。

"小生走进先生（福泽）家的门，中上川君（彦次郎）站在玄关处，横眉竖眼愤怒地冲我大喊：'你这家伙，怎么这么磨磨蹭蹭。我以为你今天会早点儿回来，从早上开始我就已经来玄关看过好几次了，一直在等你回来。'我见他神情不同寻常，却不知道发生了什么，心情依然保持着平静。这时，福泽先生从屋里走出来说：'中上川，他还不知道。'然后让我赶紧进屋，简洁地将事情的本末告诉了我。他说：'从两天前开始，主张开设国会的人都被当成了政治犯。等天皇回来后，大隈会被抓，我福泽会被抓，接下来各个方面都会被波及。不过，你可能会在大隈和我之前因为出使奥州被问责。这对你来说是灾难啊。'"（《大隈侯八十五年史》1）

从上面的记述可以清楚地了解当时福泽面临的窘境。当然，大隈和三田派的人最终都没有被逮捕，不过这些人中甚至有人给家里人写了遗言，可见他们当时都已经有了进监狱的准备。福泽接到大隈被放逐的消息后立刻来到井上家请求见面，结果遭到了对方委婉的拒绝。

十月十二日，天皇下发敕令，力争在明治二十三年（1890年）开设国会。关于开设国会的时间，伊藤等人最开始主张选择在明治二十一年，而黑田等保守派认为太过急躁，主张在明治三十年开设国会。十一日的御前会议也没有对开设国会的时间达成决议，第二天终于定在了明治二十三年。

在明治十四年（1881年）的政变，特别是放逐大隈的事件中，大隈和福泽始终认为主使者是黑田等萨摩派参议，伊藤和井上一定努力做了调停，结果由于攻击的矛头转向了自己，只得狼狈屈从于萨摩派的要求，同意放逐大隈（福泽谕吉，《明治辛巳纪事》等）。但真相应是伊藤和井上因制定宪法方针的对立和主导权之争，以及出于对大隈与福泽派合作的警惕，所以与对大隈抱有反感的黑田等萨摩派参议联手策划了放逐大隈的计划。

◇ 自由党成立 ◇

在此之前，政府面对民权派的攻势始终处于招架之势，以明治十四年（1881 年）的政变为契机一举转为攻势。以明确国会开设时间为契机，政府在转移民党矛头的同时占据了先机，掌握主导权并开始积极采取具体行动建设立宪体制。

在开设国会的敕令发布时，国会期成同盟的有志之士正在召开会议商讨结成自由党，持续推进党规审议。出席这次会议的山际七司（新潟县民权家）在记录上写着"本月十二日的诏书是意料之外的侮辱"。对他们来说，就在民权运动高涨、为建立立宪政治结成自由党时，政府发布了开设国会的敕令，不得不说，这让他们感到被对方占得了先机。同时，他们还要警惕党内人员因为此事而士气低落。另外，可以想象，他们对"明治二十三年"这个过于久远的目标有所不满。但另一方面，不能否认，多年的愿望得以实现依然让他们感动。无论如何，这件事成为契机，一口气推进了组建自由党的进程。

十月十七日，国会期成同盟在向岛枕桥八百松楼迎接后藤象二郎，召开联谊会；第二天来到浅草井生村楼，推举后藤为议长，进行自由党盟约和规则的审议。后藤实际上很少出席会议，真正负责会议流程的是副议长马场辰猪（高知）。会议的过程绝对称不上顺利，虽然河野广中等东北派加入了自由党，但是沼间守一等东京嘤鸣社因为机关报纸的发行问题与立志社产生对立，拒绝加入自由党而退出会议。另外，松田正久等九州派也在中途离席，没有加入自由党。

参加自由党结成会议的栃木县民权政治结社、中节社代表田中正造（他与嘤鸣社共同行动，没有参加自由党）在写给同志的信中说：

"十七日，我参加了后藤象二郎出席的联谊会。十八日，在井生楼召开正式会议，由于在报纸发行等问题上的纠缠导致与会人员不和，而且经费问题都是一派空谈，难以实施，这两三天决定休会。东京嘤鸣社的有志之士已经开始积极组织另外的党派。"（明治十四年十月二十二日，田中正造写给涌井藤七的书信，《田中正造全集·第十四卷》）

沼间守一出身旧幕臣，维新之后在土佐藩担任兵学教授，和土佐出身的民权家们都是旧识。不过，因为他性格骄傲，恐怕不愿意居于土佐派之下。

十月二十八日至二十九日举行了干部选举，不过在选择总理时出现了一些纠纷。

一开始，在土佐派中众望所归的板垣退助呼声最高。不过，板垣事先听说此事后婉辞，推举了心胸宽广有党首之才的后藤。在自由党结成会议举行时，板垣正在东北游说未能参加，于是众人暂时推举后藤坐上了党首之位。但得知事情原委的后藤没有接受，众人只好再次推举板垣为总理。最终，板垣从游说地匆忙赶回东京，同意就任自由党总理。

自由党于是正式成立，总理是板垣，副总理是中岛信行，干部有后藤、末广重恭、马场辰猪、竹内纲、山际七司、内藤鲁一、林包明、大石正巳等。

《自由党三章》在日本政党与立宪政治历史上颇具意义，大致如下：

"第一章，吾党扩充自由，保全权利，增进幸福，期以（谋求）改良社会。

"第二章，集吾党党会之全力以确立善美之立宪政体。

"第三章，与吾党同理想、共主义者一致合作，期以达到吾党之目的。"

此后，各地陆续成立了自由党一系的政党，最有名的就是大阪的立宪政党。立宪政党是古泽滋和草间时福等人四处奔走、集结了关西民权派的有志之士组织的政党。该党邀请中岛信行担任总理，作为自由党的别动队活动，其政治资金由民权派支持者、著名的日本大山林地主土仓庄三郎提供。

◇ 立宪改进党成立 ◇

自由党开始活动的同时，在明治十四年（1881 年）政变中被政府放逐的大隈重信身边也开始出现成立政党的动作。原本这次政变的契机是大隈提交的关于政党内阁论和尽早开设国会的意见书，因此大隈在下野后利用这次机会成立了支持自己意见的政党，想要尝试担任政治旗手一事也不足为奇。这其中必然存在与板垣的自由党对抗的想法。大隈长期担任参议参与国家政治中枢的运作，积累的实力和名声与自由党不相上下，因此他建立一个规模庞大的政党绝非难事。

加入大隈阵营、实际推进政党成立事务的是小野梓[①]和矢野文雄等人。小野出身土佐藩，不过他与板垣等人的立志社几乎没有关系。他在维新后进入官场，去英美两国留学，学习了法学和政治学等，回国后受到大隈的知遇之恩，曾在司法省和会计检察院等部门任职。同时，他还是一个名叫"共存同众"的知识分子集团的领袖，致力于传播欧美新知识和自由民权思想，掀起启蒙活动。他与大隈的私交甚笃，在开设国会的问题上经常向大隈进言，相当于大隈的秘书。另外，前文已经介绍过，矢野正是负责起草大隈意见书的人。

他们受到十四年政变的牵连与大隈共同下野，于同年十一月左右开始频繁举行会议，推进政党的建立。明治十五年一月三十一日，河野敏镰（土佐藩出身的前农商务卿）、前岛密（越后高田藩出身，前驿传总监）等同志在大隈家中集会，席间，众人推举小野负责起草政党的各项规则（渡边几治郎，《大隈重信》）。进入二月后，协议进展迅速，到了三月十四日，立宪改进党的宗旨书和纲领发表。纲领（除开场白之外）有以下六条："我党团结了帝国臣民中有左派志向的同志。

"一、维护王室尊严与荣誉，成全人民幸福。

"二、在改良内政的基础上谋求主权扩张。

"三、排除中央干涉的政略，建设地方自治的基础。

"四、随着社会进步的程度限制选举权。

"五、在外交策略上减少政略交往，增加通商关系。

"六、主张使用金属货币。"

立宪改进党于明治十五年（1882 年）四月十六日正式举行成立仪式。总理大隈重信、副总理河野敏镰及大多数党的领导者都具备担任政府官员的经验，还有报纸记者、发言人（律师），以及负责启蒙民众的知识分子集团。

此前参加了自由党成立会议，却因为意见不合没有加入自由党的沼间守一等人的嘤鸣社，也参加了立宪改进党。三田派中大多数有实力的人都加入了立宪改进党，福泽谕吉和中上川彦次郎[12]标榜中立立场没有加入。福泽不久后拜访了右大臣岩仓具视，提出自己的一贯主张"官民和谐"，希望政府起用后藤，并且让大隈重回政府（明治十五年七月八日，岩仓具视写给伊藤博文的书信，《伊藤博文相关文书》三）。福泽直到此时还相信明治十四年的政变主使人是萨摩派的参议，而伊藤、井上和大隈的关系能够轻易修复。

◇ 自由党的活动与政策 ◇

自由党指挥部的核心是围绕在板垣退助身边的土佐派，特别是士族民权结社的先驱、立志社一系的民权家们。另外，因为爱国社的活动和开设国会运动闻名全国的数名实力雄厚的地方政治家也名列自由党中央指挥部的干部名册。其中包括河野广中（福岛）、杉田定一（福井）、内藤鲁一（爱知）、山际七司（新潟）等。

隶属于这些人的地方民权结社以及其中的士族、富农、地主等地方势力形成了支撑自由党的基础。这些地方性政治结社相当于自由党的地方组织，明治十五年（1882年）六月，集会条例进行了修正和强化，禁止政党的支部组织和政党之间进行联络与通信。因此，在制度上，自由党无法成立支部，只得成立形式上独立的地方政党。《自由党史》中记录了24个政党的名字，比如秋田自由党、东北七州自由党、九州改进党（虽然

名字叫改进党，却是自由党一系），这些政党都可以被看成是
自由党一系的地方政党。

　　另外，"自由党员名录"上记录的党员数量在明治十七年
（1884 年）五月左右已经达到 2417 名（《自由新闻》）。当然，
这只是记录在中央自由党名录上的人数，如果加上隶属于自由
党一系的地方政党党员人数，应该能达到这个数字的几倍甚至
更多。特别值得注意的是，明治十五年以后，关东地区各府县
的党员人数显著增加。这是因为关东派出现了两位领袖，在青
年活动家中极受欢迎，他们就是大井宪太郎⑬和星亨。两人在
党内的抗争和势力关系变化对今后自由党的兴衰和性质产生了
巨大影响，后文将详细介绍。

　　明治十五年六月，自由党机关报《自由新闻》开始发行，
末广重恭、马场辰猪、中江兆民、植木枝盛等人纷纷积极阐述
自由民权。这份报纸在明治十六年的发行总量达到 147 万份，
在所有报纸中名列第六位，在政党机关报中成绩斐然。另外，
自由党一系的报纸还有《朝野新闻》（主编末广，明治十六年
的发行总量达到272万，位列第二，后期逐渐偏向改进党）和《绘
人自由新闻》等。

　　除了通过机关报进行宣传，自由党干部还在全国游说，在
各地举行政谈演讲会、有志者联谊会来组织各地的权威人士。
当然，在东海道线还没有全线通车的年代，交通尚且不便，地

方游说是一项耗时耗力并且需要资金的工作，而这种联谊会和演讲会是地方权威人士与中央名士接触的为数不多的机会，所以他们都十分珍惜。

在文明开化风潮的背景下，随着自由党展开政治活动，"自由"成为当时的流行语被广泛使用。

"海内竞自由的自由二字不仅是政治社会的惯用语，澡堂中也出现了自由澡堂、自由温泉，点心中有自由糖，药铺有自由丸，饭店有自由亭，其他诸如自由评书、自由舞、自由帽子等数不胜数，民心向背由此可见一斑。"《自由党史》中以略显自卖自夸的口吻这样记录着。

但是，尽管积极展开了活动，但自由党想要实施的具体政策并不明确。如前所述，自由党提出的盟约中都是些扩充自由、保全权利、增进幸福、改良社会的内容，每一项都很抽象，而且并没有明确解释"确立善美之立宪政体"的具体内容。

自由党作为政党，自然要以通过占据议会大多数席位达到掌握政权的目标，但实际上，供他们掌握政权的舞台——议会的建立尚且遥遥无期。自由党对要求政府建立何种形式的宪法和议会并没有形成统一方针，自由党的宪法私案最终也未能完成。

自由党的活动家们喜欢举出法国大革命的例子，引用卢梭的论点来为自己激进的活动和主张寻找理由，可见他们受到法国思想的影响，但这绝不意味着他们主张采用法国式的政治制度，提倡共和主义，他们想要的毕竟还是"君民共治"的君主立宪制。

值得注意的是，在这一点上，就连深受法国思想影响的激进派民权思想家，有"东洋卢梭"之称的中江兆民都认为日本应该学习的榜样并非法国政治，而是英式"君民共治"的立宪政治。（《君民共治说》，《东洋自由新闻》刊载，明治十四年三月二十四日）

兆民在巴黎公社内乱刚刚结束时去了法国，亲眼见证了恐怖的流血惨状，看到了在第三共和制下激烈的权力斗争和动荡政局。在他眼中，恐怕法国的政治现实对日本来说反而是反面教材。

明治十四年至十五年，自由党人士拿出了好几版私拟宪法方案，其中并没有共和制宪法方案。比如被后世历史学家高度评价为"民主主义宪法方案的极致"、具有先驱意识的植木枝盛提出的《日本国宪法》，使用的也是美国式的联邦制和三权分立、采取一院制的议会制度，规定了各项人民的基本权利和自由，甚至包括抵抗权。但就连这份独特的方案都完全没有否定君主制，甚至承认君主拥有以"兵马大权"为首、范围很广的权力。

另外，当时政府制作的以君权主义为基础的私拟宪法方案，以及后来的明治宪法，都在认可人民权利、自由和议会立法权、预算审议权的同时对君主权进行了宪法上的限制。可见，自由民权派的立宪体制构想和政府实际上并没有现在普遍认为的严重对立，相反却有着更多的共通之处。

◇ "武力党"与"头脑党" ◇

如前所述，立宪改进党的指挥部以大隈重信和他手下的前官吏、报社记者、代言人、教师团体为中心组成，可以大致分为三个系统。沼间守一、岛田三郎等人的嘤鸣社以及东京横滨每日新闻派，矢野文雄等人的庆应义塾相关的东洋义政会、邮便报知新闻派，以及小野梓等人的鸥渡会派。他们大多是住在东京的都市知识分子集团，但并非没有地方据点。这些人中有当过地方报纸主编和记者的人，他们通过在新闻杂志上的言论和地方游说逐步加深在地方的影响力，特别是推进了以府县会⑭议员为中心的地方权威人士的组织化。在此过程中，各地诞生了改进党一系的地方政党，这一点与自由党相同。

改进党的目标是英式"君民共治"的君主立宪制，以此为基础实现政党内阁制。自由党的盟约不过是抽象理念的罗列，改进党的纲领则加入了相当具体的政策。

改进党在"改良国内政治"的具体方案中，将重点放在了府县会举行的建议活动。明治十五年至十六年（1882—1883年），改进党议员以重要据点之一东京府会为首，在各地的府县会逐渐掌握主动性，提出减轻地租和各项地方税，郡区长采取公共选举，修改府县会规则等各项建议。这些建议活动反映出改进党通过将全国的"地方改良"组织化，逐渐达成合法的"国事改良"的政治活动方针和构想，很有意义。在这一点上，比起在地方一步一个脚印地活动，自由党选择了首先以国家整体为重，二者的想法和行动模式形成了鲜明对比。

改进党很重视"地方改良"的指导者，也就是府县会议员的作用。明治十六年二月，改进党在东京两国地区的中村楼召集了大约 100 名府县会议员，举行了全国府县会议员联谊会。通过这些积极的组织活动，明治十六年至十七年，栃木、兵库、广岛、德岛、岛根五县的府县会议员中，改进党员已经占据了大半，改进党在全国府县会中拥有了庞大的势力。

但是，改进党的势力遍布各个府县会，其势力在全国范围内迅速扩大一事引起了政府的警惕。于是，政府修改府县会规则，禁止府县会就国政问题发表建议，并且禁止府县会议员的联合通信，压制全国联谊会。这让改进党领导的府县会建议活动和将全国府县会议员组织化的活动遭受了重大打击。（伊藤隆，《明治十年代的立宪改进党》）

自由党与立宪改进党政治目标基本一致，这就是建立"君民共治"的君主立宪制，两党的党首（总理）都是过去明治政府的首脑，是在全国拥有人望，却被萨长主流派排挤的权威政治家。另外，如前所述，在自由党的中央指挥部中，士族民权派一系的人占据很大比重，而在改进党的中央指挥部中，城市知识分子集团的气息很重。不过，两党的政治基础都是以府县会议员为领导，以地方权威人士为主，包括地方富农、地主和地方工商业者。

尽管有诸多相似之处，但是两党党员的气质和行为模式差距很大。自由党员大多是有志士之风的少壮活泼型人物，普遍感情用事，不过正因为如此，其行动力极强，大多比较激进。特别是党内干部身边聚集了大量自称为壮士的青年活动家，他们成为自由党行动力的源泉。

与自由党相比，改进党员中学者和知识分子更多，更注重深入研究具体政策，实际而理性地处理问题，因此他们的行动更加稳健且循序渐进，缺点在于缺乏行动力。改进党中的一名年轻领导者尾崎行雄在回忆中这样评价：

"自由党和改进党气质的差异一直持续到了最后。自由党喜欢发表过激言论，希望在革新中一举成功，而改进党谋求循序渐进的进步，稳重温和地贯彻自己的主张。因此，我们会慨叹自由党员稚气且缺乏经验，而他们会骂改进党员优柔寡断且

自视甚高，不值得交往。我们会嘲笑自由党人没有学问，粗野
蛮横，而他们则会批判改进党没有活力，不值得共事。两党始
终在互相排斥。"（《咢堂自传——讲述日本宪政史》）

另外，当时自由党激进派的青年活动家，后来成为贵族院
议员的小久保喜七也曾说：

"第一，两党的言论和行事风格完全不同。自由党人会身
着短衣，露出手腕和脚腕，衣着粗犷，留长发，如果有人开始
仔细整理头发，则会被人嘲笑。而改进党的人衣着齐整，都穿
着高级仙台平和服。特别是尾崎行雄，总是穿着仙台平和服和
白色足袋，披着白色羽织。在我们眼中，这些蠢货就只有外表
光鲜，没有拼命的觉悟，能做成什么事？别开玩笑了。而在他
们眼中，自由党的家伙都是野蛮的东西，怎么能将国家交给这
些人。这些感情逐渐积累，党员在现实中也会产生言语上的冲
突。"（国会图书馆宪政资料室藏，《宪政史编纂会收集文件》
之《小久保喜七氏谈话笔记》）

"粗鲁活跃的自由党""稳健务实的改进党"的印象从
那时开始就清晰地印在了人们的脑海中，两党也都承认这种说
法。下面这篇《自由新闻》的社论也可以印证此说。

"天下之人，人尽皆知，立宪改进党眼下依然保持着平静
温和的行为，而世人往往将自由党看作行为激进的武力党。事
实确实如此，在赞同我自由党的人士中，激进的壮士已经达到

数万人之多。"(《自由新闻》社论《时事论》，明治十五年
八月四日）

◇ "板垣虽死，自由不死"？ ◇

后来，板垣退助出国一事，让自由、改进两党从气质和行
为模式的差异上升到了情感对立的爆发阶段。

明治十五年（1882 年）三月上旬，板垣前往东海地区进行
游说。同年四月六日，他出席了岐阜金华山山脚下的中教院召
开的联谊会。在他发表演说离开会场准备回到住处的刹那，一
名拿着短刀的暴徒突然冲出来袭击了板垣。一番扭打之后，赶
到现场的内藤鲁一制服暴徒。板垣紧紧盯着那名刺客，说出了
他一生最为人所知的话："板垣虽死，自由不死！"（也有说法
认为，这是当时周围人们编造的。）这句豪言激发了全国民权
家的热情。板垣在痊愈后来到京都和大阪，受到热烈欢迎，六
月时返回东京。

但回京后不久，板垣出国一事让自由党内大为震动。最开
始向板垣提出去欧洲考察旅行这个建议的是后藤象二郎。后藤
表示，《自由新闻》已经进入发行阶段，党组织也暂时完备，板
垣作为政党党首此时应该前往欧洲充分调查研究欧洲各国的政

治和社会，为即将到来的立宪政治做准备，旅费他会想办法。板垣也表现出极大兴趣，于是接受了后藤的建议。资金由后藤从蜂须贺（前德岛藩主）家中取得，另外板垣派心腹森胁直树从土仓庄三郎那里取得了筹款。但是，改进党却散播消息，怀疑这次出国的资金其实是政府支付的。

党内自然发出了不同意见，有人质疑自由党好不容易打好组织基础，如今还存在很多难题，应该在党首的领导下将全部精力放在扩张政党势力上，此时身为一个党派的党首怎么能够在大家的质疑中出国呢？

马场辰猪、末广重恭、大石正巳等《自由新闻》的相关人员特别对板垣出国一事表示了强烈反对。他们劝说板垣中止出国计划，甚至扬言如果板垣不听就必须卸任。板垣在党员们的见证下与马场等人对抗，明言出国资金来自政府的传言完全是空穴来风，马场等人被改进党放出的谣言欺骗了，如果他们能举出"与政府勾结的事实"，自己将当众切腹自杀谢罪。但如果证明了自己的清白，就请各位切腹。结果马场等人的意见没有被党内接受，他们不久后就离开了自由新闻社，后来又脱离了自由党。

因为这场内乱，板垣的出发比预期晚了很久。明治十五年十一月十一日，他才与后藤带着栗原亮一、今村和郎一起从横滨出发。

那么，板垣这次出国的真相究竟是什么呢？其实，众人之前的传言没错，这背后确实有政府的阴谋，这次出国的资金是参议兼外务卿井上馨联系三井提供的。背后的主角井上给当时在欧洲调查宪法的伊藤博文写了一封长信，详细说明了这次事件，根据信中内容，事情的真相如下：

在板垣岐阜遇刺前，井上就和后藤联手开始推进板垣出国一事。当年四月二日，井上和后藤在福冈孝弟的家中会谈时第一次提到此事。一开始的计划是由三菱提供资金，因为岩崎弥太郎表示为难，和大藏卿松方正义商量后，井上与三井的大管家三野村利左卫门⑮谈判后，将三井原本截止于明治十五年的陆军省御用期限延长至明治十八年，以此换取了三井的2万美元。此事已经事先取得了岩仓具视等政府首脑的同意，由后藤说服板垣，成功让他同意这次出国计划。

让今村和郎作为翻译与板垣等人同行其实也是井上的意见，他担心这次出行会有鲁莽的人同行。今村此前一直担任内务省大书记官，背后是井上等长州派的政治家，根据井上写给伊藤的信，他这次辞官与板垣同行完全是表面的说法，其实政府会暗中在每月给今村的家中寄去100日元（相当于现在的40万日元至50万日元）。政府自然是希望通过板垣出国压制自由党的活动，同时期待板垣在实际参观过欧洲各国后，能让自由党的主张和行动变得更实际。如果伊藤和板垣碰巧能在欧洲实现会谈，说不定能借机拉拢板垣。

　　板垣大义凛然地说，如果这笔钱来路不明，他将当众切腹。如果要为他辩解一句，只能说恐怕板垣本人对这件事的内幕当真一无所知。井上在给伊藤的信中特意嘱咐，板垣对此事一无所知，所以如果伊藤在欧洲见到板垣，一定不要泄露其中的秘密。板垣是耿直坦率的武人性格，作为政治家过于单纯，完全被精于算计的井上和后藤的计划蒙在鼓里。

◇　两党的反目与衰退　◇

　　改进党迅速抓住板垣出国的问题开始攻击自由党。明治十五年（1882 年）九月十日，沼间守一主办的《东京横滨每日新闻》在杂讯栏中登出文章，提出多处疑点。比如今村的履历以及与长州藩的关系，出国资金的出处，板垣在欧洲与伊藤会谈的可能性等。接着在九月二十四日，该报发表了《板垣君西洋之行》的社论，指出板垣虽然平素声明"与主义共进退"，却和今村、后藤这样有疑点的人物共同前往欧洲，言行不一，并且讽刺他在语言不通的欧洲诸国只能漫无目的地游玩，很难真正研究宪法。

　　此后，《东京横滨每日新闻》等改进党一系的报纸再三针对此事发表评论，散布"廉洁之士未必能终生廉洁"之类的言论，暗示板垣已经被政府收买。

自由党自然不会保持沉默。面对改进党对出国费用的疑虑，反驳对方"屡屡探寻出国费用的出处而无果，仅凭私心和偏见就出言诽谤，试图迷惑众人"（《自由新闻》，明治十五年九月二十九日），反击改进党与其干涉他人，不如好好查一查自己党派总理的钱来自何处。这当然是暗指大隈重信与三菱之间的关系。同年十月二十四日，《自由新闻》指责改进党通过在地方游说时诽谤自由党，企图扩张政党势力，准备与改进党断绝关系。随后，以星亨为中心的自由党领导集团主张全力揭露三菱与大隈之间的关系，决定在第二年四月的定期党大会上集全党之力攻击改进党。同年五月至六月，星亨在东京、横滨召开大型演讲，展开了"消灭伪党，消灭秃头海怪"的大规模活动。《自由新闻》将改进党形容成满足三菱私欲、不顾人民利益的公敌，甚至极端地表示"我日本帝国以有这样的人为耻"。

另外，星亨在明治十七年（1884年）五月创办了一份名叫《自由之灯》的通俗报纸，连载一篇题为《秃头海怪今净海》的小说，讽刺三菱一派。地方的党员争夺战也逐渐白热化，经常能看到自由党的壮士们闯进改进党的演讲会并妨碍演讲的景象。

策划断绝两党关系的政府首脑见到两党的对立逐渐激化，

一定会暗自窃笑。

在鹬蚌相争的情况下，自由党和改进党的活动都随之衰落。《自由党史》夸耀自己"消灭伪党"运动的成果，写有"在明治二十年前的几年中，改进党名存实亡，不见踪影，不过是徒有虚名，没有精神内核的残骸"。但是，在政党活动渐弱这一点上，自由党也没有区别。

在党首离开日本的时期，政府对自由党采取了镇压和怀柔双管齐下的手段。板垣前往欧洲后不久，在东北地区的民权运动重要据点福岛县，主张消灭自由党的县令三岛通庸和受到民权派影响的农民发生冲突，担任县会议长的自由党干部河野广中等人以企图推翻政府的罪名遭到检举。另外，新潟县高田也有大批激进自由党员因为策划暗杀政府高官而被捕。再加上政府加强了对集会条例、报纸条例的管束，形势愈发不利，在活动资金不足的党员中出现了接受政府劝诱、进入官场的人。另一方面，一批血气方刚的少壮派党员因为厌倦了踏实的政党活动，不满足于干部的方针，擅自发起恐怖袭击以及武装暴动。自由党干部为控制党内秩序苦恼不已。

明治十六年（1883 年）六月回国的板垣通过考察欧洲各国，在为欧洲"生活社会"的显著进步惊叹的同时，对欧洲"政治社会"出乎意料的落后而失望不已。特别是法国政党政治在他眼中不过是一个草台班子，对日本来说反而应该作为反面教材。板垣在之后的几年中屡屡强调法国小党分立的弊端，主张为了政党政治的正常发展，应该学习英式的两大政党制。这一点恐怕在很大程度上源于他当时在法国的经历。

总而言之，以他为核心，自由党力图重建。同年十一月，星亨担任议长召开临时党大会，决定募集10万日元政党资金，但是在经济不景气的情况下实在很难募集到计划数额的资金。

进入明治十七年后，各地频繁发生以自由党激进派为中心的激化事件。九月，栃木县的自由党员暗杀政府首脑的计划被发现，十几名被官员追捕的同志喊着"推翻自由公敌，推翻专制政府"的口号，四处散发起兵革命的檄文，在茨城县加波山坚守阵地对抗官军。尽管他们的气势很盛，无奈计划实在太过异想天开，最终被轻易镇压。同年十月至十一月，相继发生了秩父事件、饭田事件等暴动事件和武装起义计划，自由党干部为处理这些暴动而焦头烂额，最后未能充分控制党内局势。自由党于成立三周年的明治十七年十月二十九日解散，宣称"静待他日世运进步，待到众人具备足够资格，静候能够同心协力共谋大事的时机"。

立宪改进党也在同年十二月十七日因为党组织改革问题发生内部对立，总理大隈重信、副总理河野敏镰脱离政党，停止实际活动。

现代议会政治中的政党最大的目标应该是提出具体政策，

争取国民的支持，通过占据议会中的多数席位取得政权。而这
个时期，活动的主舞台——议会尚未出现，虽然两党作为先驱
的存在意义值得高度评价，但实际上建立真正的现代议会政党
的条件并不成熟。

◇ 以民党大联合为目标 ◇

"二十三年舞台将拉开大幕"——开设国会。4 年前的明
治十九年（1886 年）十月，在与民权派颇有渊源的浅草井生楼
召开了全国有志者联谊会，很多旧自由党、改进党的有志者聚
集在此。发起人中的核心人物是星亨和末广重恭。他们强调，
这次集会绝非自由党的重建大会，而是极力主张开设国会的时
间正在逐渐接近，因此以自由、改进两党为首，在野势力应该
"舍小异求大同"，超越党派团结一致。这就是所谓大同团结
运动的开端。

这次运动的目的是以自由、改进两派的合作为中轴，集结
旧民权派，在 "二十三年舞台"即将拉开大幕之际建立能够占
据议会多数的新政党。被推举为这次运动最高领导者的人是后
藤象二郎。他 3 年前从欧洲回国后，一直在高轮龟丘的白色豪
宅中观望天下形势。这座豪宅占地 4 万平方米，是模仿白宫建

造的。他回归政界的野心似乎很大，在明治十九年（1886年）十二月带领少数心腹在东北地区游说。第二年十月，后藤在东京芝公园里的三缘亭招待70多名政客，表明自己愿意担任大同团结运动先锋的决心。

后藤毕竟曾经是明治政府最高首脑中的一员，拥有伯爵的爵位，是在全国都有声望的权威政治家。这一点对于"笼络地方见识浅薄、崇拜权威的有志者们"（犬养毅言论）最合适不过了。另外，他缺乏固定的主义主张，拥有清浊并包的"东洋豪杰风"的豪放性格；土佐出身的他身为旧自由党干部的同时，在改进党中也颇有人脉。而板垣气量较小，作为自由党象征的印象过于强烈。因此，可以说，后藤比板垣更适合担任包含众多党派的大同团结运动首领。

以改进党为首，很多人赞同大同团结的说法。自由党土佐派的有志者中出席后藤宴会的人并不多，反而有相当数量的改进党相关人员出现在宴会中。但最后，改进党中除尾崎行雄、犬养毅等《朝野新闻》一系的人员以外，几乎没有人加入大同团结运动。最重要的原因是，改进党和自由党之间毕竟存在着多年积攒下的对立情绪，特别是面对过去"消灭伪党"运动的领头人星亨，改进党很难消除心中的不信任。在后藤举办宴会的第二天，双方的对立情绪在有志者联谊会上爆发，星亨手下的壮士们与沼间守一等人大打出手，沼间因此受伤。结果，按照计划在几天后举行的本该由自由、改进两派共同参加的政谈演讲会，改进党几乎没有人参加。

另外一个原因是，政府正在邀请改进党事实上的党首大隈重信进入第一届伊藤博文内阁。明治二十年（1887 年）九月，伊藤内阁的井上馨外相因修改条约问题失败而辞职，伊藤和井上等人希望大隈能接替井上的职位。大隈一方则由矢野文雄等报知派参与这项交涉工作。这可以说是政府与改进党的联合，矢野等人大概希望这次联合能成为将来树立政党内阁的立足点。这样一来，改进党自然对以建立反政府民党联合为目标的大同团结运动采取了冷淡的态度。二十一年二月大隈成功入阁后，除朝野派的犬养等极少一部分人外，改进党彻底退出了大同团结运动。

大同团结运动与三大建议运动（减少地租、言论集会结社自由、重整外交）进行联合。明治二十年底，各地的有志者纷纷上京给政府施加压力。同年十二月二十五日，政府发布安保条例，将 570 多名有志者驱逐出京。在该次运动主要领导者被一个不剩地驱逐的情况下，后藤象二郎和他的心腹大石正巳、末广重恭却幸免于难，这着实令人惊讶。而警视总监三岛通庸递交给山县有朋内务大臣的预定流放者名单中确实有后藤象二郎等人的名字，可见是政府首脑想要留出与后藤等人妥协的余地。

于是，后藤留在了东京。明治二十一年七月至八月，他作为大同团结运动的明星人物去东北、信越地区游说，在30多个地方举行的政谈演讲会和有志者联谊会中一共聚集了超过7000名当地有志者。同年十二月到第二年一月，他继续在东海、北陆地区进行游说。

"这一年……是后藤伯爵最大放异彩的时期，成就足以用惊天动地来形容。虽然事情的性质仅限于在各地方的游说，但结合时事与人物，他的举手投足都吸引着所有人的目光。"（三宅雪岭，《同时代史·第二卷》）

二十二年三月，就在大同团结运动在全国声势越来越大时，后藤出人意料地入阁，成为黑田内阁的通信大臣。中间发生的具体事情并没有定论，不过政府早就有动作，继大隈之后让板垣和后藤相继入阁，为立宪政治的开幕做好准备，想要打造"集合元勋的举国一致内阁"。另一方面，大同派和后藤亲信派中有人制定了一条政治路线，在打造众议院多数党、在阁外发挥势力的同时，通过将后藤送进内阁，作为他们在阁内的桥头堡，形成对政府的内外夹击之势，使日本从藩阀与政党的联合内阁转变为政党内阁。

但是，后藤此前一直是攻击藩阀政府的旗帜性人物，他的入阁在世人眼中成为对大同团结运动的背叛。此后，大同团结运动逐渐分裂成大同协和会和大同俱乐部。前者以意图振兴自由党的大井宪太郎等关东派为中心（后来振兴自由党），后者以河野广中等东北派为中心。两派纷纷积极拉拢板垣，但板垣因为担心两派的对立激化，没有加入任何一方，而是率领直系土佐派于二十三年一月组织了爱国公党。至此，自由党一系分裂为三派，鼎足而立，在同年七月迎来了第一次众议院议员总选举。

当时的选举当然并非是像现在以政党为中心，而是完全以个人为中心。所有缴纳 15 日元以上直接国税（地租及所得税）的 25 岁以上男性均为选民，总人数大约有 45 万（约占 4000 万本土人口的 1.1%），大部分是拥有 2—3 公顷土地的地主。因为当选者至少需要获得合计 1000 票，所以选举运动以挨家挨户访问为主，可以说是十分朴素的选举战了。当时，只有收入极高的人才需要缴纳所得税，所以大城市的选民极少，甚至出现了在京都以 27 票当选、在东京以 56 票当选的情况，令人难以置信。

候补者不公开所属党派，选举结果是民党（在野党）一系的议员占据了众议院的过半数，自由党一系的三派及九州同志会、立宪改进党（因为大隈已经辞职而重回在野党阵营）受到刺激，政党大联合的势头高涨。最终，由于党名和纲领上的对立，国权主义团体脱离了自由党系，改进党也决定不参加，剩余四党派联合，于二十三年九月十五日成立立宪自由党（第二年三月改名为自由党）。

◇ 新型政党领导者们 ◇

明治二十三年（1890 年）十一月，众人心心念念的帝国议会成功召开。在日本最初的议会中，立宪自由党（弥生俱乐部）占据 130 个议席，立宪改进党（议员集会所）占据 41 个议席，两个民党合计占据 171 个议席，超过众议院 300 个议席的半数。

众所周知，因为在第一议会中，支持民党的基础是地主阶级，他们有减少地租的诉求，于是打出了"休养民力，节约经费"的标语，制定了大幅削减政府提出的预算案的方针。在预算委员会和正式会议上，政府和民党均发生了激烈冲突，议院外面聚集了大量手持藏刀手杖和日本刀的武装民党派、吏党派（支持政府议员）壮士，气氛十分紧张。

尾崎行雄回忆说："暴力行为在当时的政治社会经常发生，就连暴徒在议院内发动袭击都并非罕见之事，缠着绷带参加会议的议员不在少数。"

在第一议会中，政府（第一届山县内阁）尽力避免采取解散众议院的非常手段，致力于与自由党土佐派谈判。如前文所述，政府同意削减 651 万日元预算，同意立刻整顿行政，以此为条件与土佐派达成共识，总算平安让预算案通过。

立宪改进党在第一议会预算审议的过程中展示出相当统一的态度，而与他们相比，立宪自由党尽管是第一大党，党内却缺乏统一意见。由于院外的壮士们施加压力想要控制议会中议员们的行动，党内产生裂痕，最终甚至发生了与政府妥协的土佐派脱党（第二议会后回归）事件。

第一议会中的立宪自由党原本就是四个党派的集合体，由东北派（河野广中等人）、关东派（大井宪太郎、星亨等人）、土佐派（片冈健吉、林有造、植木枝盛等板垣直系团体）、九州派（松田正久等人）组成，派阀之间对立情况严重，而且没有党首。

但是，为了克服"有政党无党议，有党议无党论，有党论无党策的情况"（中江兆民），第一议会结束后，党组织改革成为自由党的紧急课题。从明治二十四年到二十五年，自由党推举板垣退助为总理，改组成以议员团为中心的政党，推进改革的核心人物是在第一议会召开前不久刚刚从欧美各国周游归来的星亨。

自由民权时代的自由党一度被称为"破坏党"，只知道标榜唯心抽象主义，采取粗暴过激的行为。出于反省，大同团结运动内部已经开始踏踏实实地调查具体政策的利害得失，并加以执行，其党转型为"执政党"的迹象日益凸显。经过初期议会的实践经验，对转型的要求变得更加迫切。星亨拥有丰富的欧美各国的政党制度知识，阅读量无人能及，所有人都深刻地感受到他是引领自由党成为符合新时代议会政党不可或缺的人物。据说，星亨刚刚回国就对支持者之一的利光鹤松说了下面一番话：

"开设议会以后不能一味破坏，必须注重国民利益，特别是商业和工业方面的问题。不然政党就会被人民憎厌，失去人民的信任。在立宪政治时代，只会说些政治犯才说的自吹自擂的话完全无济于事。"

星亨以前曾经多次被当成"政治犯"关进监狱，而这里所说"政治犯的自吹自擂"应该是在暗中讽刺竞争对手大井宪太郎。（升味准之辅，《日本政党史论·第二卷》）

当时，大井是自由党激进派的领导，在关东派的青年活动家中人气颇高。关东派当时的势力分布大约是大井占七成，星亨占三成。

但第一议会之后，星亨巧妙地拥立板垣，拉拢土佐派的领袖，压下大井派的反对，掌握了党组织改革的主动权。在第二次总选举中，他以强硬的姿态成为大井派势力范围栃木县的候选人并当选，而大阪市选出的大井却意外落选。到了第三议会时期，两人的势力关系完全发生了逆转。

关东派的权威人士林包明曾经从两人的人格特色分析出了以下原因：

"在大众眼中，星亨和大井几乎是性格相同的人物。其实这仅仅是表面现象，是人们通过外表观察到的结果，两人的内在有着云泥之别。星亨说话不好听，但他的精神极美，而大井很会说话，但内心并没有他自己说得那么好。比如有人要拜托两人做事，星亨君嘴上会说我才不会做这种蠢事而一口回绝，但实际上会认真地关注。而大井嘴上答应得很好，满嘴说着会竭尽全力的话，实际上却再无下文，完全不会表现出关心的态度。大井能够招揽人心的原因就在于他善于做表面功夫，能根据场合以情动人，满口答应别人的请求，表现出会倾囊相助的意思。他这种首领气质与年轻人意气相投。而星亨不会为一时的感情所动，且不会因为个人的爱恨对他人区别对待，能够就事论事平等待人，遇事热情而冷静。正因为如此，大井的势力能够维持一时，而星亨的势力能长久延续。"（中村菊男，《明治人物——星亨与近代日本政治》）

于是，大井失意后于明治二十五年（1892 年）六月脱离自由党。他主张强硬的对外策略，在同年十一月组织了东洋自由党，但是与他共同行动的众议院议员只有 4 人。山田泰造曾经是大井派的青年活动家，却没有和大井共进退，他这样批判了大井的言行："尽管你的一番言论痛快慷慨，但是如今并非大放豪言壮语的时候，悲愤慷慨对实际情况并无益处。"（明治二十五年十月十七日，《自由》）

总而言之，帝国议会召开后，成为众议院第一党的自由党必须对现实政局负起相应的责任，迫切需要从以前的"破坏党"转型为能够承担政权的"执政党"。比起悲愤慷慨型的志士活动家，此时的政党更需要能够切实分析政治的利害得失、提出具体政策的实干政治家。拘泥于旧自由党的形象、被时代进步落下的大井派的没落应该说是顺其自然的结果。

星亨就这样一步步顺利地掌握了党内主导权，在第三议会中与独立俱乐部的冈崎邦辅联手打败河野广中，当上了众议院院长。然后，他通过一直器重他的陆奥宗光牵线搭桥接近伊藤博文，开拓出"陆奥→伊藤"的政府谈判渠道。开拓谈判渠道自然是成为政党领导者必不可少的一步，因此不仅是星亨，河野与土佐派也在暗中建立了自己的渠道。

◇ 从横贯政界到纵贯政界 ◇

随着以星亨为代表的新型政党领导者开始掌握权力，自由党在政治方面开始改变一直以来所贯彻的"休养民力，节约经费"的消极主义方针，即一味削减政府提出的预算案，否决政府发展新事业的提案。当然，支撑政党的基础是地主阶层，对他们来说，休养民力的具体内容中减少地租依然是重要的要求。不过，随着明治二十年代后期米价的逐年上涨，地主的负担实际上已经有所减轻。另外，既然无法通过修改地租条例而减少地租，那么无论怎么削减政府预算、否决政府发展新事业的提案，都无法真正达到"休养民力"的目的。

特别是在第二、第三议会会议期间，政府向议会提出了修建、扩张铁路及河川改建等与地方利害密切相关的问题。各地方掌握势力的人们反而越来越希望借助政府扩张各项事业来还原地方的利益，谋求"培养民力"。这种趋势自然也影响到了自由党的政策，他们逐渐开始采取所谓的积极主义方针。

在这样的背景下，明治二十六年（1893 年）二月，第二届伊藤内阁以第四议会发布的"和衷协同诏敕"为契机开始接触自由党。此事对从自由民权时期开始的、以藩阀与政党对立为轴的、横贯政界的政治势力分布产生了很大影响。第一议会以后，自由党和改进党的对立让民党联合产生嫌隙，自由党再次将主要攻击矛头指向了改进党。另一方面，改进党没有舍弃民党的立场，该党借修改条约的问题，与大井宪太郎的大日本协会等民权派团体联手，形成了强硬派，与第二届伊藤内阁及自由党进行对抗。

接下来，在甲午战争结束后，自由党在战后经营方面坚定地采取了积极主义方针，在明治二十八年（1895 年）公开宣布与伊藤内阁合作，在第二年将板垣送入内阁担任内相，与伊藤组成联合内阁，让政界地图发生了巨大改变。为了与之对抗，改进党的继承者进步党在第二届松方内阁成立时让大隈作为外相入阁，成为执政党。这样一来，藩阀的政党化和纵贯政界的对立形势愈发明显。

另外，自由、进步两党组成宪政党后成为日本第一个政党内阁组织，这种横贯政界的现象也随着两派矛盾引起的内部分裂在极短的时间内宣告结束。到了明治三十年（1897 年），星亨率领的宪政党拥立伊藤博文成立了立宪政友会，纵贯政界现象暂时到达了终点。具体经过在本书第 3 章已经有详细描述，此处不再赘述。

政友会成立时，幸德秋水认为这是政党向藩阀的屈服，发出著名的评价："呜呼，自由党死矣，但其光荣历史不会被完全抹杀。"有不少后世的历史学家对政友会抱有负面评价，认为自由民权时期才是自由党光辉灿烂的荣耀时代，政友会的成立标志着自由党的"堕落"。当时在暗中致力于促进宪政党和宪政本党合作的是幸德秋水，虽能理解他内心的失望和沮丧，但是恐怕站在星亨的立场上，政友会的成立才是政党夺取藩镇权力的第一步。另外，不可否认，政友会的成立让明治宪法中规定的政党地位为众人所知，开创了日本政党政治发展的道路。如果用长远的眼光冷静评价此事，可以承认星亨的说法有七分道理。

【译者注】

①　宪政会：1916 年由立宪同志会、中正会和公友俱乐部联合组成，加藤高明为总裁，1927 年与政友本党合并。

②　立宪民政党：1927—1932 年两大政党对立时代的一个政党。1927 年田中内阁（政友会）的成立，遂使宪政会与政友本党更加接近，两党组成宪本联盟，改组为立宪民政党。其纲领要求彻底实行议会政治，消除社会不安，实现国际正义，打破旧习。与政友会相比，稍具自由主义的城市资产阶级色彩。

③　国会期成同盟：国会开设请愿运动的全国性组织。1874 年，自板垣退助等提出《建立民选议院建议书》以来，"开设国会"成为自由民权运动的宗旨。1878 年，爱国社重建后，自由民权运动蓬勃发展。1880 年 3 月，来自全国的代表云集大阪，将爱国社改称国会期成同盟，并由片冈健吉等代表 8 万多人向天皇提出请愿书，要求召开国会。随后，自由民权运动不断扩展，参加者达24 万人。同年 11 月，在第二次大会上，提出扩大请愿规模，并开始研究讨论起草宪法。对此，政府颁布《集会条例》，对请愿运动进行镇压，并诏令 1890 年开设国会，请愿运动遂告结束。

④　河野广中（1849—1923 年）：日本福岛县人，自由党干部，作为"福岛事件"的主谋而入狱。后成为议员，曾任众议院议长，极力反对藩阀政府。

⑤　植木枝盛（1858—1892 年）：日本明治初期自由民权运动急进派的思想家和哲学思想上的唯物论、无神论者。宣传人人

生而平等，要求言论自由，批评明治政府增税、扩军、压迫人民，用明确的语言主张人民对于政府应有抵抗权和革命权，并且鼓吹必须以血为代价去争取自由。

⑥ 嘤鸣社：日本自由民权运动中的政治团体。前身是 1873 年 9 月沼间守一、河野敏镰创办的法律讲习所，后随着自由民权思想的传播，成为政治研究机构，改称嘤鸣社，其以《东京横滨每日新闻》和《嘤鸣》杂志为阵地，致力于民权思想的普及工作。社员发展到 1000 名，参加者有田口卯吉、岛田三郎、金子坚太郎、大石正巳等。后发展成为立宪改进党的核心力量，1882 年 7 月被勒令解散。

⑦ 沼间守一（1843—1890 年）：日本政治家、言论家。明治维新前曾就学于陆军传习所，在戊辰战争中加入幕府军。维新后曾任职于大藏省、司法省及元老院，于明治十二年（1879 年）辞官，转而经营《东京横滨每日新闻》，成为言论家，并主持嘤鸣社，支持立宪改进党。

⑧ 岩崎弥太郎（1835—1885 年）：日本"第一财阀"三菱集团创始人，1835 年 12 月 11 日出生于土佐国（现高知县）安艺郡井口村的一个"地下浪人"的家庭。

⑨ 有栖川宫：有栖川宫家历代从事着书道、歌道的教授，忠于皇室，和江户的德川将军本家、水户德川家及彦根的井伊家、长州的毛利家、广岛的浅野家、久留米的有马家等结亲，无论是与以天皇为首的公家还是以将军为首的武家都有密切的关系。

⑩　矢野文雄（1851—1931 年）：明治至昭和初期日本著名报人，政治家。大分县人。庆应义塾毕业后进入《邮便报知新闻》，在明治初期民权派与君权派激烈论战中，主张民权论，1882 年加入改进党。

⑪　小野梓（1852—1886 年）：明治初期政治学、法学学者。土佐藩士出身。号东洋。参加过戊辰战争。1876 年入仕途，历任司法少丞、法制局专务、会计检察院检察官等职。明治十四年政变时与大隈重信一同下野。1882 年参与创立立宪改进党。对日本近代政治学、法学的建设颇有贡献。著有《国宪泛论》《民法之骨》等。

⑫　中上川彦次郎（1854—1901 年）：日本实业家。丰前（今大分县）中津藩士出身。福泽谕吉之甥。就学于庆应义塾。曾任职工部省、外务省。明治十四年政变时辞职。1882 年为《时事新报》主笔。1887 年创建山阳铁道会社，任社长。1891 年加入三井，任三井银行理事，进行改革，扩大三井事业，为三井财阀的形成奠定基础。

⑬　大井宪太郎（1843—1922 年）：日本明治时期政治家、自由民权运动领导人。

⑭　府县会：府县的公选议会。大概从明治六年（1873 年）起，要求建立地方民会的呼声日益高涨。根据 1878 年制定的《府县会章程》，府县会应由缴纳地税 5 日元以上者选举的府县会议员组成，带有浓厚的府知事、县令咨询机关的色彩。1890 年实行府县制后

进行全面修改，市、郡参事会和市、郡会采用复选制，取消府县知事对决议的批准权，但知事有原案执行权，内务大臣有预算修正权。1899年全面改革府县制，府县被授予公法人资格，复选制改为直接选举制。关于选举权资格，也改为交纳直接国税3日元以上者即有选举权。但议会权限有些缩小。1901年颁布《北海道会法》。1909年，冲绳实行府县制。大正十五年（1926年）采用普通选举制。昭和四年（1929年），赋予议会以条例、章程制定权，议会权限扩大。但1943年战时体制下进行的修改又缩小了议会权限。1947年，根据《地方自治法》，都、道、府、县获得自治机关的地位，同时取消知事的原案执行权等限制，并赋予都、道、府、县议会对行政长官提出不信任案的权限。

⑮　三野村利左卫门（1821—1877年）：又名美野川里八，明治初期三井财阀的奠基人。

第 5 章

明治天皇与元勋们

◇ 研究天皇的难处 ◇

至今为止，已经有大量学者从各个角度讨论过近代日本的天皇制。有人阐述天皇制的社会、经济基础，有人分析天皇制的政治结构和法律制度，也有人讨论天皇制的精神构造。另外，近代天皇制国家的形成过程也是日本近代史研究者们乐于考察的对象。

但是，我总觉得在这些多种多样的研究中有一个巨大的空白。这就是在现实的历史进程中，天皇作为一个活生生的人的个人意志和言行或者个性是如何融入天皇制的。这个问题本来应该是研究天皇制的核心问题，却始终被搁置。

在近代天皇制中，天皇个人发挥的作用也许确实不值一提。近年来，美国的一位优秀的日本问题研究员大卫·安森·提特斯（David Anson Titus）发表了研究战前日本宫廷政治的成果，内容很值得玩味。他在著作中说：

"日本天皇与欧洲现代化过程中出现的大多数君主有所不同，他们并非是能够在政治活动中自由行动的主体。在明治元年至二十二年，明治维新的成果逐渐稳固的这段时间里，天皇的作用经历了一系列周密的制度化过程。在战前的日本政治中，天皇的作用十分重要。但重要的是天皇的身份而非天皇个人的人格。虽然天皇不是机器人，但他几乎没有表现自己的政治倾向和主张的自由。天皇是裁决者而非政治领导者。"（《日本天皇政治》）

这段分析将日本天皇与现代欧洲的君主制相比，可以说准确指出了天皇在近代日本天皇制中的立场。提出这种观点的并非只有提特斯教授一人，哪怕说这是现代很多研究天皇制的学者默认的一般见解，也不会有太大问题。

但这并不意味着研究天皇制或者天皇政治的具体内容时，完全不需要考虑天皇的个性、个人意志或者言行。就像耶林内克指出的，近代天皇制在一定程度上保留了近代欧洲对君主制的定义，即"君主制是由一个拥有自然意志的人领导的国家。他的意志在法律上拥有最高的地位，不受其他任何意志的影响"（佐藤功，《君主制研究》），同时将近代欧洲的君主制原理融入了古代天皇制的传统观念。因此，在讨论近代天皇制时不能彻底无视"一个拥有自然意志的人"。

至今为止，日本近代史上出现的以天皇个人为对象的研究几乎是一片空白。这是为什么呢？其中一个重要的原因是关于天皇本人的一手史料极为匮乏，难以确定具体事实，寻找天皇个人意志和决定的根据实在难于登天。

以明治天皇为例，天皇亲笔所写的日记、书信、意见书、回忆录、口述传记甚至手记和谈话记录的片段，即直接传达天皇本人原声的基础史料可以说完全没有保存下来。明治十二年（1879 年），美国前总统格兰特在世界旅行的途中来到日本，当时明治天皇与格兰特会谈的录音是仅存的年轻天皇真人原声的珍贵记录。但是，人们在看过录音笔记的内容后会发现，那次会谈几乎始终是格兰特单方面在发言——对正在建设现代国家的日本提出各种建议和忠告，明治天皇主要扮演倾听的角色。天皇的发言甚至不足笔记全部内容的十分之一，且大多是礼仪上的致辞或者请求对方提供普通建议的发言，看不到天皇本人的积极意志。大正天皇和昭和天皇的情况也大同小异。

一手史料的极度匮乏，让关于天皇的实证研究变得极为困难。因此，我们只能利用天皇身边实际接触过他的人留下的第二手史料来研究天皇。但是，这些人口中的天皇形象都受到固有观念的影响，大多有明显的模式化，特别是收录在战前公开文献中的内容大部分表现出了强烈的天皇崇拜，难以作为客观判断的材料。因为值得信赖的史料不足，所以很难明确判断明治天皇个人对明治国家形成与发展的过程和政府的政策决定有多大影响。

直接研究天皇个人的另一个困难是，研究天皇个人会不可避免地牵扯到对天皇制及天皇政治的评价，被卷入政治乃至意

识形态的对立中。天皇在战前是"神圣不可侵犯"的存在，自
然不能成为客观的研究对象。到了战后则相反，全面否定战前
日本国家体制和政府政策，先验性地认为天皇制是"诸恶根源"
的观点具有强大的影响力。其结果和战前一样，对政治及意识
形态的价值判断占据了优先地位，人们对天皇的判断充满了感
性成分，很难冷静地认清事实并进行实证考察。

考虑到上述情况，目前需要做的是从尽可能多的材料中
找到有关天皇言行的基础事实，在此基础上探寻事实中蕴含的
意义。

我听说欧洲的历史学界普遍认为历史是个人活动的积累，
欧洲的学者传统上认为对人物进行传记式的研究才是历史学的
真正使命。说得极端一些，他们对著名君主和权威政治家等人
物的研究以年代学研究为基础，可以精细到研究对象某年某月
某日在什么地方做了什么。

很遗憾，必须承认日本在这一点上还有很长的路要走。特
别是在战后的历史学界，"科学的历史学"成为时代宠儿，"英
雄史观"受到否定，因此对人物的传记式研究不再是主流。比
起历史学家的研究，以人物为中心的历史更多地出自作家或者
评论家之手，被创作成历史小说和历史剧。众所周知，这样的
作品虽然描写出了充满魅力的人物，但是会将史实与虚构结
合，有不少无法证实的部分。

考虑到这样的情况，昭和五十二年（1977 年）《明治天皇记》（全十三卷）完结并公开出版一事，对于想要明确天皇个人意志在明治时期的天皇制中所起作用的研究人员来说，算得上是一大喜讯。这套书以编年体的形式叙述了明治天皇一生的事迹，并且附有史料出处。正文出自编者之手，直接引用原始史料的部分较少，这一点难免让人有隔靴搔痒之感，但是因为大多数史料都是侍从及女官等明治天皇的近侍们的日记之类，如今已经无法看到，因此正文中记录的天皇本人的日常言行和周围发生的事实就变得弥足珍贵。

该书写于大正四年至昭和八年，即 1915—1933 年，从整体来看自然清晰地反映了那个时代的价值观。但是仔细读过内容后会发现，连敬语的用法都充满古意的字里行间依然能够看出编者们的实证主义。这套书对明治天皇本人的研究出人意料地相当冷静，用客观的笔调描述了天皇的言行。该书还着重描述了明治十年至明治三十年，宫廷内部在确立立宪国家各项制度的改革过程中存在的政治对立和合作，以及天皇和明治政府首脑们之间也不断出现的意见分歧，书中频频出现两者的纠葛与对立表面化的事件。当然，书中的每一个事件在这套书出版前都只是作为碎片为人所知。该书按照年代顺序排列出这些事件，让读者能够重新审视各个事件背后的意义，在帮助理解近代天皇制历史意义的同时提供了相当有趣的研究方向。

◇ 与伊藤博文的冲突 ◇

本章将以明治宪法制定的前后数年时间为中心，从《明治天皇记》以及相关的各项史料中抽取出天皇与政府对立及冲突的具体事例，尝试简单地描绘出立宪制确立过程中天皇的立场，并且对背后的意义提供一些个人的思考分析。

首先需要注意的是，这段时期明治天皇与政府首脑之间的意见分歧往往表现在阁僚的重要人员安排上。比如明治十七年（1884 年）三月参议伊藤博文兼任官内卿，十八年十二月内阁制度创立之际森有礼就任文部大臣，二十三年五月第一届山县内阁改组时陆奥宗光（农商务大臣）、芳川显正（文部大臣）的入阁等人事安排，明治天皇一开始就表现出了相当抵触的态度。

众所周知，伊藤博文在明治十六年八月考察欧洲诸国的宪法后回国，在起草宪法前首先着手进行宫廷制度的改革。第二年三月，他在担任参议的同时就任宫中新设立的制度调查局长官，随后引发了官内卿一职的兼任问题。尽管参议们一致推举伊藤，左大臣有栖川宫炽仁亲王和太政大臣三条实美也上奏请求天皇批准，但天皇依然面露难色，没有立刻同意。"天皇虽欣赏博文才干，却担心他崇尚洋风，一味将洋风带入宫中，对他的任命稍显犹豫。"（《明治天皇记》，明治十七年三月

二十一日）

当时，人们对伊藤醉心于西洋文化的评价颇高，而宫内官则非常担心西洋式的改革会改变日本自古以来的传统宫廷制度和风俗习惯，有损天皇的权威。他们抨击伊藤的倾向同样反映在了天皇的态度中。

伊藤也对宫内官们的抵触做好了充分的准备。他事先打通了关系，而且想好了万一天皇迟迟不下决定，就将宫内的反对通过报纸表面化，诸如"天皇深感为难，迟迟不下诏命，由于上述情况，小生愿意果断请辞"云云（明治十七年三月十八日，伊藤博文写给井上馨的书信，《伊藤博文传》），态度相当强硬，要求宫内迅速作出决断。当时随侍在天皇身边的侍讲元田永孚[①]回忆伊藤兼任宫内卿的过程时说：

"一天，三条和有栖川两位大臣在内阁秘密召见我，称伊藤将来必须担任宫中职务，他二人将上奏天皇允许伊藤兼任宫内卿，如果我赞成他们的意见，希望能在合适的时机予以帮助。我同意了。后来有一天，圣上亲口告诉我两位大臣奏请由伊藤兼任宫内卿，并对我说，'朕虽认为伊藤足以胜任宫内卿一职，但他好欧风，必然要改革宫内制度，朕不得不担心他会插手后宫服饰用度等事务'。我对陛下说，伊藤的意见一定会以尊重皇室为主，如若他要插手后宫事务，陛下自然可以拒绝。陛下陷入沉思，没有给出明确答案。我对三条大臣说，陛下认可伊藤的智慧，只是担心他爱好洋风，我认为这是陛下唯一的忧虑所在，大臣只要打消此项忧虑即可。大臣说，不要让伊藤爱好洋风的行为进入陛下耳中即可。而我认为此事太难，将来或成隐患。圣上又对我说，他问过佐佐木（高行）、吉井（友实）、土方（九元），伊藤是否适合担任官内卿的职务，三人的答案都和我一样，认为这个职务非伊藤莫属。圣上深思熟虑，多次请来顾问，探讨一切利害得失，最终无可奈何，只好同意伊藤参议兼任官内卿一职。"（元田永孚，《元田永孚文书·第一卷：古稀之记》）

也就是说，担任天皇身侧人事咨问事务的元田、佐佐木等官中保守派（旧侍辅②集团）也不喜欢伊藤喜好西洋的倾向，但并不否认为建立君主立宪制，官内制度必须进行改革，而且此时很难找出比伊藤更合适的人选，因此只能同意这项人事安排。天皇也在再三犹豫后不情不愿地同意了。

伊藤兼任官内卿后，天皇经常以身体不适为理由拒绝伊藤上奏国务或官务的拜谒。只要不是紧急情况，就算是官内卿也不得在天皇病床旁上奏国务或官务，这项规矩一直被严格遵守着。这种情况发生过几次后，伊藤终于心生愤慨，表示如果官内卿想要上奏刻不容缓的国家重要事务时，天皇明明没有大病却有权限选择不予召见，那么自己将无法继续担任官内卿一职，于是向上递交了辞呈。吉井友实③官内大辅担心事情闹大，遂邀请了从小就与天皇颇为亲近的侍从藤波言忠出面直谏。结果天皇龙颜大怒，大声呵斥藤波，随后却改变了主意，决定第二天早上直接在御内仪（天皇的私人房间）召见伊藤，听取他上奏的内容。

这段逸事来源于"藤波言忠谈话"，收录在《明治天皇记》明治十七年条目的末尾。此事并没有其他旁证，而且日期不明，因此书中记载"如今已不知此事详情"。不过，从伊藤兼任宫内卿的经过和他的性格来看，此事恐怕是事实。

此后，内阁总理大臣兼宫内大臣的伊藤博文在明治十九年九月起草了"机务六条"，并上奏天皇，就国务大臣的拜谒等事务制定了一系列规定。其中规定"国务大臣就主管事务提请面见天皇时，可以直接面见"，"国务大臣若想汇报主管事项，即便天皇生病也可进入内宫拜谒"。天皇通过德大寺侍从长添加了但书[④]："若非急事，敬请等待陛下召见；天皇生病时的拜谒，敬请等待陛下召见。"但书返回给了伊藤，也许这些修改就是天皇对伊藤的些许反抗吧。（《明治天皇记》，明治十九年九月七日）

人们普遍认为伊藤是各位元老中最受明治天皇信任的，是其他元老羡慕的对象，不过这恐怕是后来的事了。在伊藤刚刚进入宫中任职时，他直言不讳的大胆言行很难不被当成傲慢，天皇与伊藤的关系绝对称不上和睦，经常出现大动肝火的场面。两人的信任关系正是在坦率的感情冲突中逐渐培养起来的。

◇ 为启用森有礼与陆奥宗光而为难 ◇

森有礼由于自身具有比伊藤更加强烈的欧化思想而被众人戒备，特别是他对宗教的态度成为被保守派抨击的重要原因。

森在明治初年担任驻美少辩务使，从接待来欧美考察的岩仓使节团开始就倡导宗教自由。他不仅主张解禁基督教，还主张为了能够修改条约，日本需与欧美文明国家建立良好关系，可以让明治天皇改宗基督教。国内以神官为首的保守派和国粹派们纷纷与他为敌。

因此，在伊藤亲自组织内阁，希望森入阁，并且让他担任负责国民教化的文部大臣这一要职时，宫中的反对情绪十分强烈。侍讲元田永孚等人不断地抨击森，天皇一开始也不同意伊藤的奏请。天皇通过太政大臣三条实美传达的意见是"文部大臣起用森之事很难，如果起用谷（干城）的话陛下没有异议"。（明治十八年十二月十二日三条实美写给伊藤博文的信，《伊藤博文相关文书》五）

由暗中唆使伊藤不要起用欧化主义者森，应起用国权论者谷干城这样的文相可见，天皇的立场颇为意味深长，其背后站着以天皇近臣元田永孚为代表的守旧派，便不言而明了。

但是，伊藤没有屈服于这些反对的论调。就算是面对天皇，他也表现出强硬的态度，表示只要他还是总理大臣，就会为阁僚的言行负责，绝不会让圣上添忧。他凭一己之力压下反对的声音，努力说服天皇成功任命森有礼为文部大臣。

众所周知，森由于参拜伊势神宫时的不敬行为受到神道家们的强烈谴责，因为这件事，他在宪法发布仪式当天倒在了暗杀者的刀下。可以说，此次事件是他就任文相一事的后遗症。

接下来要讨论的是陆奥宗光的入阁。他在明治十年（1877年）西南战争时身居元老院干事的要职，却参与了立志社推翻政府的谋反阴谋，"谋反者"的身份始终是挡在他入阁之路上的一大困难。

山县首相果断实行内阁改造，上奏天皇召见芳川显正（文相）和陆奥（农商务相）入阁时，记载中天皇的反应如下：

"天皇略有迟疑，对有朋说，宗光在明治十年的作为让人难以信任，显正也缺乏人望，提拔此二人还需三思。"（《明治天皇记》，明治二十三年五月十七日）

但山县首相不在意天皇的顾虑，反而坚持提拔二人。伊藤博文、井上馨等元老一直对陆奥的政治手段评价颇高，也纷纷强烈推荐陆奥。此时，陆奥谋反的前科已经翻篇，如今留他在民间说不定反而会作出妨碍政府的举动，不如提拔他进入阁僚，充分利用他的才干开设议会，同时帮助政府控制民党。山县和伊藤等人心中有着这样极为现实的想法。最终，天皇无法反抗元老们的想法，被山县首相说服，不得不认可这项人事安排。

但是，天皇后来对陆奥善变的政治立场产生了强烈的不信任感，认为陆奥身为政府阁僚却与民党暗通款曲。明治二十四年五月成立的第一届松方内阁中产生了"武断派"和"文治派"的派别对立，因为阁内意见的明显差异，天皇担心事态的发展，认为山县内阁中留任的农商务大臣陆奥是导致阁内不和的原因，暗中对心腹表示出要怂恿陆奥辞任的意思。下面这封德大寺实则 ⑤ 侍从长写给伊藤博文的信中暗示了这一点：

"（天皇）认为将来只要陆奥大臣坐在现在的位置上，内阁将难以取得彻头彻尾的和谐。天皇深感忧虑，希望您深思熟虑后能提供意见。"（明治二十四年十二月二十六日德大寺实则写给伊藤博文的信，《伊藤博文相关文书》六）

进入明治二十五年后，第二次总选举中发生了品川弥二郎内相的选举干涉事件。伊藤对此采取批判的态度，他辞去枢密院院长一职、结成政党的行为让政治局面更加混乱。同年三月，造成阁内对立的当事人品川和陆奥两败俱伤，双双辞任。佐佐木高行说，当时天皇向他表达了对陆奥的不满。

"陆奥此时的言行狂悖，不仅同意伊藤辞职，还赞成他下野组织政党。另外，他还在伊藤提交辞表时在内阁发表意见，表示伊藤政党仅占板垣势力的三分之一，形势不妙。由于其不断地以嘲讽的语气提出反对意见，令伊藤政党屡次陷入困难境地。此事传到井上毅耳中，由于陆奥的反复无常，有人向德大寺侍卫长告密弹劾。加上去年议会解散之事陆奥表现出来的暧昧不明的态度，到了十二月二十四日，突然变成不在今天之内解散内阁就不行的紧迫态势，就连松方本人都大吃一惊。再加上解散的准备并不充分，而且机密评议的内容已然外泄他人，可见陆奥与改进自由两党均有关联。这在内阁成员中招致了很大不满，导致其无法全身而退。山县内阁起用陆奥一事看来非常失策也。

"特别是井上馨和伊藤博文十分爱惜陆奥的才智，但是陆奥本人却恃才傲物，在内阁中屡屡提出反对松方的意见，并经常联系伊藤，大放厥词说伊藤就算复职也无法挽回内阁的失败，这也让内阁众人颇为头疼。他能提出辞呈可谓幸事。"（《保古飞吕比—佐佐木高行日记》，明治二十五年三月十九日）

天皇始终对陆奥抱有深植于心的不信任感一事，多少令人感到有些意外。也许是天皇讨厌陆奥随着环境的改变不断见风使舵、才华横溢却工于谋略的一面吧。也许陆奥辞职时对此最安心的就是天皇了。

有些讽刺的是，陆奥辞职后仅仅过了不到半年，就在同年八月建立的第二届伊藤内阁中担任了外务大臣。同时，他在内政方面作为政府与自由党之间的穿针引线者，促进了二者的合作，为稳定政局发挥了重大作用。就算明治天皇不吝啬于承认陆奥的功绩，恐怕心情也是相当复杂吧。据说与清朝开战之际，天皇拒绝派遣敕使去伊势神宫和孝明天皇陵报告开战信息，放言"这是阁臣的战争，不是朕的战争"。当然，天皇在宫相的谏言之下于第二天撤回了前言，允许派遣敕使。（《明治天皇记》，明治二十七年八月十一日）在决定与清朝开战的过程中，陆奥被架空了权力，所提意见受到轻视，这其中自然包含了他对天皇的许多不满情绪。我认为也可以在其中看到天皇对陆奥外相依然抱有复杂的个人感情。

◇ 对欧化政策的不满 ◇

从这一系列人事问题来看，明治天皇不愿意任用的实力较强的政治家们有一个共同的特点：他们都有着丰富的西洋经历，有深厚的西洋文化知识，希望通过积极欧化让日本走向文明时代，是开化论的支持者和实干型的政治家。另外不能否定的一点是，他们有着"才识有余而德望不足"的一面，与重视精神和道德的政治家相去甚远。佐佐木高行和元田永孚等宫中保守派认为合格的阁僚"就算才智略有不足，也应保持自古以来的大臣之风"，在他们眼中，这些支持开化论的政治家们都是些"轻佻才子"。

虽说保守派并不会全面否定引入西洋文明本身的必要性，但是元田、佐佐木等人富有汉学教养，一直陪伴在天皇身边，注重通过传统德育培养君德，他们认为伊藤等人激进的欧化主义改革换而言之就是无视日本传统，动摇国家道德基础的"轻率之举"。由此可以想象，明治天皇对伊藤、森、陆奥等人的批判言论正是受到宫中保守派的强烈影响。明治二十年前后，政府与宫中保守派的对立可以追溯到明治十年代初期政府与侍辅集团的对立。

另外，必须着重指出的是，明确记录天皇此类言行的史料大部分出自元田、佐佐木等人之手。也就是说，上文中提到的天皇的言行也许只是他们通过自己的有色眼镜看到的结果，按照对自己有利的方式进行了解读。从这个角度思考，这些史料本身就不可避免地包含着巨大的偏见，可信度必须打个折扣。

尽管如此，天皇本人对政府推进的欧化主义改革确实存在强烈的怀疑，而且有过批判性的言行。

明治十九年（1886年）十月，天皇接受森有礼文相的奏请，视察帝国大学后召见了元田永孚。他对帝国大学在理科、医学和法学等领域的学术进步深表欣慰，同时指出修身学科中完全看不到亮点。森文相在教育改革方面有自己的想法，但是天皇认为现在的大学缺乏道德教育，改革后能否培养出治理国家的领导人是很值得怀疑的。在听取了元田的进言后，天皇在第二年派德大寺侍从长进入帝国大学向渡边洪基校长指出了这个问题。（《明治天皇记》，明治十九年十月二十九日）

从这件事中明显可以看出天皇对以智育为中心的欧化主义教育改革持批判意见，与后来发布教育敕语的思路一脉相承。

德国医生贝尔兹作为侍医长期出入宫中，与日本政府首脑们交情深厚。他在日记中写道："当时人们对外国的一切趋之若鹜，想要与之同化。他（明治天皇）始终谨慎地从保守的角度出发，这点是他的一项功绩。"（《贝尔兹日记》）贝尔兹始终认为维新以后明治政府的各项改革过于激进，并对此感到忧虑（比如他认为日本采取立宪政治早了二十年）。特别是这种思想很容易造成日本对本国历史文化传统的轻视，过于急躁地走向西化，贝尔兹对这种倾向持有批判态度。因此，他认为天皇这种对改革采取慎重保守的态度，起到了抑制政府草率地采取欧化政策的作用，并对这项"功绩"给予了高度评价。先不论这一点能不能作为天皇的"功绩"，我认为，贝尔兹的以上观点一语中的，准确抓住了明治天皇个人面对激进欧化主义的现代化政策的特点。

◇ 天皇在明治宪法中的地位 ◇

众所周知，伊藤博文等人在起草明治宪法时最重视的一点是如何将拥有传统权威的天皇合理地纳入近代立宪政治的宪法中。明治维新打着"王政复古"的旗号，主张"诸事归于神武创业之始"，以天皇为中心建立新的国家体制，也就是说明治维新注定的归宿是坚持"天皇亲政"的观念。

明治宪法中当然加入了这样的观念。宪法第一条是日本"由万世一系之天皇统治之"，第四条是"天皇为国家元首，总揽统治权，依本宪法规定实行之"。第五条至第十六条规定了天皇拥有制定、公布及执行法律，召集、停止帝国议会，解散众议院，发布紧急敕令、命令，任免文武官员，统率、编制海陆军及常备兵额，宣战、讲和、缔结各项条约，宣告戒严、大赦、特赦、减刑等各个领域的大权。

但是，明治宪法在明文规定天皇各项大权的内容、明确天皇强大权力的同时，也表明了天皇的权力绝非没有限制，而是根据立宪主义的原则受到宪法制约。

伊藤在参加枢密院的宪法草案审议时，在会议刚刚开始时进行了著名的演讲。演讲的主旨是：日本与欧洲各国不同，并非以宗教统一人心，而是由皇室代行统一人心的职责，因此天皇是国家的中轴，起草宪法时要尽量做到不伤及天皇的大权。

但是逐条审议宪法草案的过程有些出人意料，因为伊藤反而在审议时多次强调立宪政治的本质是限制君权和保证臣民权利，不得滥用君主统治权。

例如在审议第四条"天皇为国家元首，总揽统治权，依本宪法规定实行之"的条文时，一部分枢密顾问官和阁僚提出修改意见，认为应该删除"为国家元首"以及"依本宪法"之后的内容，改为"天皇总揽统治权"。他们的论据是天皇作为国家元首是不言自明的事，而按照此条文的内容恐产生误解，让人认为天皇的统治权并非固有权力，而是宪法赋予的。

对此，伊藤坚决反对修改意见。立宪政治有限制君主权力的意义，正因为天皇是国家元首才能总揽统治权，而且必须在宪法范围内行使权力，绝不能滥用。甚至说如果删除"依本宪法规定……"的内容，君主权力将无限扩大，日本将不再是立宪政体，而变成君主专制政体，制定宪法将失去意义。

最后，伊藤的主张获得多数人的支持，修改方案被否决，下文后来成为美浓部达吉提出天皇机关说依据的宪法解释，很值得注意：

"盖总揽统治权者，主权之'体'也。宪法之条规者，行使之'用'也。有体无用，则导致专制；有用无体，则易生散漫。"（伊藤博文，《帝国宪法义解》）

明治宪法表面上大张旗鼓地宣扬君主大权，背后则重视运用立宪主义，形成所谓"天皇制显教"和"天皇制密教"的双重结构。

结果，明治宪法在使用时形成了一项惯例。根据明治宪法，尽管天皇作为统治权的总揽者保留了范围广泛的大权，但实际上并不按照个人的意见和判断积极行使大权并在政治上占主导地位，而是在以国务大臣为首的国家各机构责任人与元老们的"辅弼与赞助"下行使权力。

这种符合君主立宪的思考方式以天皇本人为首，在政府首脑部门之间广泛传开。

因此，在上文中提到的天皇与政府在人事安排上出现意见分歧时，因为宪法第十条规定"天皇有权……任免文武官员"，所以如果天皇不接受山县首相的奏请，拒绝陆奥入阁，或者认为陆奥就是扰乱内阁和谐的原因所在，根据宪法的表面规定是可以直接将其罢免的，但是天皇却特意没有采取行动。

◇ 元老们的作用 ◇

既然在明治宪法中，表面上掌握统治权君临国民之上的天皇在现实中只是象征性的存在，那么实际上作为政治管理的中心，在整体上指导国政的都是些什么人呢？在日本，几乎没有出现过占据至高地位、以一人之力引导国家和国民前进的领导者，一般来说都是以集团为单位肩负起指导国政的任务。

以明治时代为例，在各项重要国务上与天皇讨论，代替天皇行使宪法中所规定的天皇广泛权能，也就是实际上代行天皇权能的所谓集团，指的就是那些被称为元老的有势力的元老级政治家们。

元老中有伊藤博文（长州）、黑田清隆（萨摩）、山县有朋（长州）、松方正义（萨摩）、井上馨（长州）、西乡从道（萨摩）、大山岩（萨摩）等 7 人，他们是明治末期到大正初期的第一代元老，后来又加入了两位新人桂太郎（长州）和西园寺公望（公家）。除西园寺之外，所有人都出身于在明治维新中占据指导地位的萨长两藩。除为期 4 个月的第一届大隈内阁之外的整个明治时代，政权都掌握在这些人手中。

元老们不拘泥于政治地位，在所有重要国家事务上都掌握着发言权，他们最重要的任务之一就是在内阁更迭之际向天皇推荐下一任首相。明治宪法对首相任免的流程没有任何具体规定，虽然宪法第十条中规定天皇拥有官吏任免权，但是天皇从来没有拒绝过元老们的推荐而任命自己选中的人。

另外，元老们在外交问题上拥有很大的发言权，比如第一届桂内阁与俄国的谈判基本方针和开战就是在主要阁僚和元老们共同参加的御前会议上决定的。

奇怪的是，宪法对元老们始终没有任何法令上的规定。明治维新以后，他们亲自推行了大规模的改革，亲手建立了明治国家，如今只是在这个历史现实的基础上施加政治影响力，可以说是"超越人为法律的存在"。

元老们团结意识的基础是出于想要让新日本成为能够在国际社会上与欧美列强并肩而立的强国的使命感，以及只有自己才能完成这项事业的强烈自负心理，当然也与他们的权力意志有关。

就像贝尔兹也指出过的，可以说他们甚至不受天皇的制约，是"这个国家实际上的主人公"。据说第一届松方内阁末期，宫中顾问官佐佐木高行对元老们随心所欲的言行产生了强烈反感，催促明治天皇奋发图强，"下圣旨狠狠教训这些放肆的臣子"。（津田茂麻吕，《明治圣上与臣高行》）但是，天皇几乎完全没有表现出要采取实际行动的迹象。

◇ 日本天皇与欧洲君王 ◇

从上文的论述中几乎可以肯定，日本天皇的个性及个人意见确实没有直接反映在国家政策决定上，这一点与近代欧洲的君主们不同。明治宪法大量借鉴了 1850 年的普鲁士宪法及德国各公国的宪法，但是两者在君主立宪制中采取的方法有巨大不同。据说伊藤博文崇拜俾斯麦，他与俾斯麦一样希望走"超然主义"的路线。但是很早以前就有人指出，他在实际的政治管理中却始终贯彻与真正的"铁血宰相"截然不同的绥靖政策，并且明治天皇在日本帝国中的作用与德意志帝国同时代的威廉二世的作用也大相径庭。

威廉二世主张黄种人威胁论，经常以个人名义给俄国皇帝尼古拉二世写信，催促他派出"十字军"打击黄色人种。他在义和团运动发生时到处发表演讲，激励出征的德国士兵，扬言会奖励残忍杀害清朝士兵的人。就像这些事件中表现出的，威廉二世具有鲜明的性格特征，言行稍显轻率。他屡屡越过德国政府指挥德国的外交政策和具体国政，在国际政治上造成了巨大影响，甚至遭到了当时世界上善良的人们的厌恶。明治国家中的天皇作为裁决者，只做到了名义上的"天皇亲政"，而威廉二世在俾斯麦隐退后的德意志帝国实施了真正意义上的"皇帝亲政"。

根据贝尔兹的观察，从个性上来看，明治天皇与威廉二世也有很大的不同，天皇"谦虚谨慎，性格内向"。（《贝尔兹日记》）不过也许和威廉二世相比，同时代的大部分欧洲君王也都算得上"谦虚谨慎"吧。

贝尔兹这样描述欧洲的君主和日本天皇对国家与国民意义

的区别：

"与欧洲的君主在国家和国民中拥有的地位相比，也许对日本天皇的地位可以简单做以下定义——天皇代表的并非单独的人格，更多的是一种观念的人格化。与其将日本天皇比作德国的威廉二世或者英国的爱德华，他更像是'日耳曼尼亚'或者'不列颠尼亚'本身。"（《贝尔兹日记》）

我认为这种说法准确地抓住了日本天皇制中天皇的特征与欧洲君主制下皇帝、国王的不同。

尽管如此，说明治天皇只是被政府首脑们自由操纵的机器人依然过于武断。

庆应三年（1867年）十二月，通过"王政复古"运动代替幕府站在新政府的顶点时，天皇还只是一名刚满15岁的少年。这位"年幼的天子"不可能在激烈残酷的政治斗争中贯彻个人意志，控制政治局面。因此不能否认，当时的天皇只不过是被倒幕派——新政府拥戴的人偶，就像当时提出的"夺玉"这个词中"玉"的含义一样。

但是明治维新以后，政府的领导者们为了建立新国家，在天皇身上严格实施帝王教育，力求让天皇成为不逊于欧洲近代国家君主的人物。为了让天皇执掌政务，设置了表御座所作为天皇的办公机构，并且坚决改革大奥，"仅用一天时间就结束了持续数百年的女权"，大大改变了天皇被公卿和女官们包围的生活环境。在学问所中，有元田永孚、加藤弘之、西周等一流的汉学家和西学家侍讲向天皇传授东西方的学问，还有山冈铁太郎、村田新八等豪杰在天皇身边随侍，负责马术、剑道、相扑等方面的武术训练。通过严格的锻炼，过去那个柔弱的少年逐渐成长为文武双全、"英武刚毅"的青年君主，没有辜负周围人们的期待。（筑波常治，《明治天皇》）

在政务方面，天皇一开始并没有像对武术训练和学问那样表示出浓厚的兴趣，这让身边的近臣略感忧虑。政府首脑们通过上奏各种政务进行严格训练，希望天皇能够培养出符合国家元首身份的政治素养。

伊藤博文兼任宫内卿（宫内大臣）时期，在完成制定宪法的工作的同时，对天皇的政治教育表现出十足的热情，要求天皇勤于政务，事必躬亲。如前所述，明治十九年（1886 年）九月，伊藤起草"机务六条"，制定规定允许大臣在天皇回宫后进入天皇私室拜谒，上奏国务。从这项规定中也可以看出伊藤对天皇政治教育的热情。

另外，"机务六条"中还包含一条规定：审议重要国务时，天皇要接受政府的奏请，出席内阁会议。事实上，在第一届伊藤内阁、第一届黑田内阁和第一届山县内阁等各届内阁的会议中，天皇都频频出席。

严格的帝王教育带来的成果是，一开始还觉得有些麻烦的天皇逐渐对政务产生了不逊于任何人的兴趣，后期甚至让伊藤本人感到为难。

明治二十一年五月至二十二年二月，在枢密院召开的宪法草案、皇室典范以及宪法附属法令的审议中，天皇几乎参加了全部近百次会议，他不知疲倦励精图治的态度广为人知。

以宪法草案的审议为例，从二十一年六月十八日至七月十三日的 10 天里举行了第一次审议会议，二十二年一月十六日召开了二审会议，一月二十九日至一月三十一日召开了第三次审议会议。总计 14 天的会议大多从 10 时 30 分左右开始，一直开到 15 时 30 分，有时候要开到 16 时 30 分，中午只有大约一个小时的休息时间。天皇除第三次审议会议的第一天因病缺席外，出席了其余所有会议。

明治宪法是钦定宪法，在整体形式确定后，起草者伊藤博文自然希望天皇能亲临宪法草案的审议。但是天皇出席几乎所有会议一事恐怕已经超出伊藤的期待。二十一年五月八日，枢密院开院仪式结束后，天皇召见枢密院议长伊藤传达了自己想要参加枢密院会议的意向，但伊藤与枢密顾问官共同表示"本院将在开议之日奏请天皇，希望天皇抽时间御临"，可见伊藤和顾问官们都认为天皇只会偶尔出席。没想到天皇竟然出乎他们的意料，几乎出席了每一次会议。

明治天皇展现出如此励精图治的姿态，大家引以为例，屡屡传出盛赞"明治天皇陛下之圣德"的遗闻。但是，我认为这个事实并不像表面众口一词的称赞那么简单。这件事难道不正是天皇个人强烈的自我意识的表现吗？这里恰恰表现出他不想成为一个只能在政府首脑的操控之下沉默盖章的名义上的君主。当时，政府首脑们虽然在天皇身上严格实施了政治教育，力求让天皇具备君主立宪应有的政治见解，但另一方面，不能否认他们经常表现出轻视天皇意见和立场的行为。其实在枢密院开院仪式的前一天，天皇就因为自己的立场被轻视而对伊藤博文大发雷霆。

◇ 天皇爆发的怒火 ◇

那天，伊藤起草了开院仪式时天皇要赐给枢密院议长及顾问官们的敕语，由土方久元宫内大臣交给天皇。没想到，天皇见到报告后突然脸色一变。赐敕语是极为重要的大事，伊藤却没有事先亲自上奏，到了事前一天才匆忙提交方案，让自己在当天照本宣科，这算什么？天皇严厉指责伊藤缺乏诚意，愤怒地让土方向伊藤转达自己拒绝参加第二天的开院式，并且将敕语方案还给他。土方拼命劝解，说既然天皇已经决定开设枢密院，并且任命了枢密顾问官，如果因为对伊藤的做法感到愤怒

就拒绝赐予敕语，将会失去开设枢密院的意义。若其对敕语的
方案不满，可以让伊藤重新修改。但天皇的愤怒并没有这么容
易平息，怒火反而更加高涨，将敕语方案扔在桌上置之不理。

后来，天皇情绪平复后反省了自己的言行，当天晚上派德
大寺侍从长告诉土方他收回前言，将出席枢密院开院式并且赐
予敕语，事情总算没有闹大。（《明治天皇记》，明治二十一
年五月八日）

伊藤过于相信天皇对自己的信任，以至于轻视了天皇的立
场。在开院式当天听土方说了前一天的经过后，他满心惶恐地
向天皇致歉，发誓以后定会慎重行事。

《明治天皇记》中记录"天皇对博文的信赖一如既往"。
尽管如此，天皇既然是一位 30 多岁血气方刚的人，对自己的
立场被轻视一事自然无法轻易释然。如果将这件事看成伏笔，
那么本该"偶尔"参加宪法草案审议会议的天皇几乎每次都亲
自参加，他做出此等励精图治的姿态，就可以解释为他向阁臣
们的强势宣言，表示自己不是任他们操控的人偶。

在宪法草案审议的过程中，天皇本人在会议中并没有发表
意见，或者要求修改原方案，大部分时间只是默默地听取阁僚
和顾问官们的议论。伊藤作为议长控制会议的态度相当强硬，
有时出席者发表对原方案的修改意见时论述过长，他就会利用
议长职权打断对方的发言，不过并没有留下任何天皇对伊藤此

种议事方式发表看法的记录。但据说天皇经常召见伊藤，要求他详细说明院议中修改的部分，有时甚至会让伊藤因不知道如何回答而略感为难。

天皇之所以通晓国事，正是伊藤热心培养的结果。后来伊藤发出"我独独比不上陛下"的感叹，也许并非全都是外交辞令。

宪法发布之后，虽然天皇站在君主立宪的立场上并没有争取亲自处理政务的主动权，不过他在对阁僚们上奏的政务有疑虑的时候一定会要求他们解释到自己能够接受为止，有时会将文件压在手里保留意见。

不过，天皇的态度在负责执行国务的内阁阁僚眼中有时会变成天皇的干涉。特别是第一届松方内阁时，阁内意见不统一，据说松方首相经常在正式阁议开始前询问天皇的意向，这让天皇身边的宫中集团对内阁产生不满，反而加速了内阁的分裂。

因此，伊藤博文在明治二十五年（1892 年）受命接手松方内阁重新组阁时，向天皇奏请把所有事务交给自己，得到天皇不干涉政务的约定后才同意就任首相。

"刚开始，博文就任首相后立刻上奏，'前内阁总理大臣万事都要在请示圣意后再召开阁议，臣虽不肖，但既然担此重任，请将万事委任于我，重要事务自然不敢怠慢，必将一如既往请示圣意，其他一切事务请全部交给我负责'。天皇则回复

说'卿所言极是，朕无意干涉所有事务，只会在听取奏闻后发表意见'。"（《明治天皇记》，明治二十五年八月八日）

这份奏请很符合伊藤的性格特点，这虽然看起来过于自信并且傲慢，不过因为天皇信任伊藤的才智和见识，很清楚自己的立场是立宪君主而非绝对君主，于是同意将所有事务交给内阁总理大臣处理而不干涉。

以前伊藤要求天皇勤奋处理国务，制定规定要求天皇参加奏请参加重要国务的阁议，如今却认为负责管理国政的核心是内阁，天皇的亲信势力以天皇本人的意见即"圣意"为理由介入国务的话，会妨碍本应以内阁为中心进行国政运营的中央政府，只会造成政局纷争，因此力图排除宫中对内阁的影响。

其实到第二届伊藤内阁时，第一届伊藤内阁、第一届黑田内阁、第一届山县内阁时代频繁出现的、天皇参加阁议的情况几乎不再出现。考虑到明治立宪制下天皇的立场，天皇裁决者的形象在第二届伊藤内阁时代越发明显。这说明明治立宪制度的实际应用方法在这段时期逐渐固定下来。不过，伊藤信心十足地在天皇面前放言"将一切交给自己"，却在组阁仅仅半年后，面对民党的攻势不得不寻求天皇的帮助，奏请天皇发布"和衷协同诏敕"，此事多少有些讽刺。

就像上文中提到的那样，虽然天皇与元老们之间偶尔会出现沟通不畅或者感情上的不和，会有意见冲突，但是整体来看关系和睦，并没有决定性的隔阂。从明治初年开始，经过长年的接触，天皇和元老们的关系已经不仅仅是国家元首与政治领导者的公开关系，同时产生了相当亲密的私人感情。

天皇养成了尽量不在公开场合主动表明个人意见的习惯，即使身处激烈的政治纷争中心，也几乎没有根据个人判断作出支持任何一方的言行。虽然天皇几乎没有表现出对任何一位元老的个人好恶，元老们依然认为伊藤博文是天皇最信赖并持有好感、愿意开诚布公与之进行交流的人。这也许是因为天皇被伊藤开朗的性格所吸引，欣赏他在自己面前能够毫不畏惧坦率直言吧。虽然天皇偶尔会对伊藤发泄不满，不过也可以将此看作他对年长 21 岁的兄长的"依赖"。而伊藤也频频要求天皇发布诏敕及敕令，可以说相当任性。

而当天皇面对另一位实力强大的元老山县有朋时，气氛总会因为他谨严耿直的性格有些不自然。

宫中顾问官佐佐木高行的日记中有一段珍贵的记录，是天皇对每一位元老露骨的短评。这段记录的时间是明治二十四年十二月第一届松方内阁时期，当时阁内对立逐渐浮出水面，政局动摇：

"伊藤才智过人，但时常会改变看法，难以从始至终坚持一件事；黑田优柔寡断；山县性格急躁易怒；松方虽然能坚持，却头脑迟钝不能当机立断。"（《明治圣上与臣高行》）

就像贝尔兹指出的那样，"天皇睦仁在长期治理国家的过程中，不断将有才能的人招揽到身边，是少有的被幸运女神眷顾的人"。（《贝尔兹日记》）

这对近代日本来说也是巨大的幸运。

【译者注】

① 元田永孚（1818—1891年）：熊本藩士出身。日本儒学家、汉学家、思想家、朱子学（实学）学者。

② 侍辅：明治时代初期宫内省的官员，负责辅佐、指导天皇。

③ 吉井友实（1828—1891年）：日本幕末至明治时期的政治家。萨摩藩士出身。早年参加过戊辰战争，并率兵击退旧幕府军。明治维新后，历任民部大丞、宫内少辅、工部大辅、宫内大辅等职，明治十九年（1886年）被任命为宫内次官，明治二十一年（1888年）兼任枢密顾问官，参与明治宪法的审议。

④ 但书（proviso）：法律条文中，于该文后，说明有例外情况或某种附加条件的文字。因句首常冠以"但"字，故名。亦借指正文之外附带的说明。

⑤ 德大寺实则（1840—1919年）：日本幕末和明治时期公卿，宫廷官僚，政治家，九清华家之一德大寺氏第27代当主。曾任宫内卿、内大臣兼侍从长等要职，其资望和影响力不在九位日本元老之下。

第 **6** 章

被隐藏的日俄开战反对论

◇ 山县有朋的信 ◇

现在，我手边有一封山县有朋的信件照片，这是他在明治三十六年（1903年）十二月二十一日写给桂内阁总理大臣的信，此信不长，我将全文抄录如下：

芳翰敬读。关于此前十六日会议中的重要内容，正如您所知，我最早会在今天提出"满韩交换问题"，主张更有利的策略，而外相另有意见，如今只能等待最终决定结果。政治策略当然由当局负责人最终决定，但是我必须向外相提出我个人的想法。关于您所说的第二个问题，我对阁内以开战为最终手段这一点持保留意见。这封信是我开诚布公的想法，恳请过目。草草回复。

十二月二十一日

桂总理大臣阁下　钧启

有朋　写于大矶

明治三十六年十二月二十一日距离日俄战争爆发只剩下一

个半月的时间，日俄两国就"满韩问题"的谈判已经步入尾声。文中提到的"此前十六日会议"是指十二月十六日召开的会议，参与者是元老和主要阁僚，会议讨论如何处理十二月十一日收到的俄国方面的修改方案——主要内容是，"满洲"问题不在谈判范围内，全部删除，日本不能出于军事目的利用韩国，韩国境内北纬 39° 以北为中立地带，日本只能在"民政改善"方面支援韩国。

外务省编纂的《小村外交史》中没发现当天的会议上出现了意见分歧的记载。但是从山县这封信的内容中可以看出，小村外相等政府当局者在这次会议上的主要意见是承认"满洲"在日本的利益范围之外，但是要进一步要求俄国承认日本对韩国的援助专权，包括军事援助在内。而山县元老则主张日本再退一步，除了提出"满韩交换论"（具体内容不明），别无他法。

十二月二十一日，桂首相给山县送来一封信，传达了政府的日俄谈判方针，要避免因为"满洲"问题发起战争，但是如果俄国不接受日本在韩国问题上的要求，日本将不得不诉诸战争，希望山县理解日本政府的决心。

"第一，'满洲'问题要用外交手段尝试解决，不能因为这个问题采取最终手段。

"第二，在朝鲜半岛问题 ① 上，我方已经充分陈述了修改要求，如果对方不接受，将不惜采取最终手段（即战争）。"

本章开头引用的山县的信就是给桂首相这封信的回答，从"关于您所说的第二个问题，我对阁内以开战为最终手段这一点持保留意见"这段描述中可以看出，此时山县明显反对与俄国开战。

众所周知，日俄战争时期，政府首脑们（包括元老）大多保持慎重的意见，直到日俄谈判进入尾声依然在寻找通过外交手段解决问题从而避免发动战争的方法，而民间则以新闻出版界为首，从很早以前就积极主张对俄国采取强硬态度。

住在日本的德国医生贝尔兹在明治三十六年九月十五日的日记中记录如下：

"在这两个月中，日本与俄国之间因为'满洲'和韩国的问题而陷入剑拔弩张的状态。如果听从媒体和政治评论家的主张，日本早就不得不对俄国宣战了。幸运的是，政府在杰出的桂内阁的领导下保持着相当冷静的态度。政府非常清楚，就算是在海陆两片战场都战胜俄国，得到的利益也只能勉强与损失相当。"

到了同年十月，当俄国表明不会按照归还"满洲"条约的规定执行第三次撤军时，除《东京日日新闻》《国民新闻》等政府一派的报纸之外，《大阪朝日新闻》《东京朝日新闻》《万朝报》《二六新报》等发行量在1万份左右的主流报纸纷纷主张对俄宣战，开始激烈抨击迟迟不能下定决心开战的政府首脑和元老们的"怯懦"。特别是一直以"救济下层社会"和"对俄强硬论"为卖点增加发行量的《万朝报》和《二六新报》，更是在十一月至十二月间公然发出打倒桂内阁、组织主战派内阁的论调。

在讨论外交问题时，政府大多数情况下会清楚地判断日本在国际社会中的立场，采取慎重的态度与各国协调，而反政府派和在野党则会倡导"自主外交"和"国民外交"，攻击政府"懦弱"，报社记者会与反政府派和在野党统一战线，以强硬的对外态度煽动民众。这种情况在日本近代史中已经成为定式。在甲午战争前的朝鲜问题（甲申事变、金玉均暗杀事件），昭和初期的"满洲事变"②，第二次世界大战后的对美谈判（旧金山和谈问题、修改安保条约问题、归还冲绳的谈判等）以及与韩国的谈判（金大中事件、民青学联事件等）中都能看到同样的情况，日俄战争可以说是典型的例子。

贝尔兹总是不惜笔墨地称赞以政府当局为首的大部分日本人即使面对危急的形势，依然能控制自己的情绪，冷静对待。当他见到日本的多数报纸表现出与日本人的优点完全相反的一面——"极端轻视俄国的战力，发出不现实的豪言壮语，毫无责任感地煽动人民支持战争"时，发出了苦涩的指责：

"只有日本的报纸是特殊的！日本人一定清楚这些报纸对

他们的祖国来说是多大的灾难，这些报纸向外界传达的信息完全扭曲了他们国家的形象。"（《贝尔兹日记》）

◇ 战争经历的意义 ◇

伊藤博文是元老中鸽派的首领，他被认为是"亲俄主义者"，经常被对俄同志会及上述报纸点名批评，承受了带有胁迫性质的警告和劝退的集中攻击。

"如今，国家对俄问题的讨论如火如荼，伊藤应离开政界，不可不离开。俄国如今在'满洲'为所欲为，伊藤博文要负一半责任。"（明治三十六年十一月二十一日，《万朝报》社论《告伊藤博文》）

但奇怪的是，与伊藤同样主张对俄慎重论的山县却没有遭到过多攻击。恐怕是因为伊藤性格开朗，经常直率地公然说出自己的看法，而山县性格极为慎重，不会轻易向外人表明自己在俄国问题上的意见，因此大众并不了解他直到最后阶段都在反对对俄开战的态度。

最近，我有机会看到了民营电视台播放的一部长篇电视剧，主人公是伊藤博文。因为这部电视剧特意打着"忠实历史事实"的旗号，出于职业习惯，我一直追看到了最后。虽然剧情很有意思，但是其中有一处情节是在日俄关系剑拔弩张的时期，山县气势汹汹地穿着军服冲到伊藤面前，当面指责他懦弱，迟迟不愿与俄国开战。这段情节让我有些惊讶，电视剧将山县描写成了在与俄国的关系上主张开战论的代表人物，放在了支持绥靖论的伊藤的对立面。电视剧也许是想塑造文官政治家代表伊藤博文与军人政治家泰斗山县之间的对比形象。编剧认为文官爱好和平，军人好战，想要将这种在"满洲事变"和太平洋战争中成立的常规结构直接套用在日俄战争中，这种偏离历史事实的想法本身就是迂腐的。这样的误解至今依然盛行，很好地说明了后人几乎都不了解山县反对开战的事实。

事实上，本章开篇引用的信在第二次世界大战前几乎无法在公开发行物中看到。在山县和收信人桂死后，在德富苏峰的监修下，记录了两人详细生平的传记得以出版，其中收录了关于两人的大部分重要资料。但是前文提到的山县的这封信尽管内容十分重要，却没有出现在传记中，也没有提到他反对与俄国开战的想法（同年十二月二十一日，桂写给山县的信却被全文引用）。山县既然是"建军之父"，而且日俄战争最终以日本的胜利告终，那么在军国主义风潮盛行的战前，他直到最后都反对日俄战争的真相自然会被当成有失名誉的事而被隐藏起来。到了战后，山县的形象摇身一变，"军阀罪魁祸首"的形象过于深入人心，所以他反对日俄战争一事几乎不再被提起。

尽管如此，山县作为当时日本陆军的实际最高领导者，一直认为朝鲜是日本的"利益线"，经常宣称在必要时必须依靠武力"保证利益线"。那么，当在野势力控制舆论坚持要求对俄开战、政府和军部首脑也下定决心开战时，他为什么要提出反对意见呢？

原因也许很多，比如他对国际形势的判断，作为军事领导者对日本军事实力的怀疑，难以筹措巨额战争经费，或者是因为他谨小慎微的性格。而我认为，山县与欧美列强战斗过的经验一定是一个重要原因。当时，在政府领导者之中，只有山县、伊藤、井上等少数元老经历过与欧美列强的战争。他们都亲身经历过 40 年前英、美、法、荷四国联合舰队在马关（下关）大败日本的那场战斗。元老们在日俄战争中普遍采取了谨慎的态度，不免受到那次战争经历的影响。特别是伊藤和井上此前都有过出国经历，致力于舍弃攘夷主义并且回避战争，而山县作为奇兵队的军监始终坚持攘夷主义，所以失败带给他的冲击一定更大，因此可以轻易推断出这件事对他产生了影响，让他此后面对列强时会产生恐惧心理。

当然，当俄国明确表示不接受日本的要求后，山县之下的元老们最终不得不对俄国宣战。根据当时的惯例，日本下达对外政策的最终决定时一定要有元老参加，必须取得元老的同意才能开战。不过元老们在与政府当局共同决定开战的同时，为尽早结束战争采取了多项具体活动，比如派金子坚太郎前往美国，希望美国总统能够出面调解日俄两国的关系。他们比任何人都清楚，日本如今不过是世界上的一个小国，国力无法支撑长期战争。这一点与日本在太平洋战争时的想法大相径庭。

从甲午战争到太平洋战争时期，推动战争的日本领导者大部分只经历过日俄战争，或者没有经历过战争，包括军部领导者在内，几乎都是没有战争经历的一代人。顺带一提，太平洋战争开始时的日本首相东条英机在日俄战争时期是陆军士官学校的学生，因为一步之差而未能参加日俄战争。虽然日本在日俄战争后经历过第一次世界大战，并且曾出兵西伯利亚，但是规模都比较小。从动员的兵力人数和损失方面来看，都不能与日俄战争相比，更难说是"赌上国运"的战争，也就没办法将之当成战争经历来看待吧。

太平洋战争即将开始前，东条首相在大本营政府联络会议及御前会议上向重臣（前首相以及枢密院议长）报告了作出开战决定的经过，出席的 9 名重臣中有 6 人反对。但是，就连这些日俄战前派的老人们的反对也无法对政府和军部的政策决定产生任何影响。太平洋战争时期的重臣与日俄战争时的元老们相比实在太过轻率。

这件事再次证明了政治泰斗的统治在危急时刻能起到极为重要的作用。

【译者注】

① 朝鲜半岛问题：乙未事变之后，李氏朝鲜高宗为了逃避暗杀，躲进了俄国大使馆，被认定是放弃王位。1897年，高宗复辟，改朝鲜为"大韩帝国"。1903年，山县有朋上书之时所说的朝鲜半岛问题，是以地域划分，即以"朝鲜半岛"代指大韩帝国。

② "满洲事变"：在日本，"九一八"事变被称为"满洲事变"，往往被刻意模糊甚至忽略。

附　章

元老们与“危机时代”

◇ 对"政治年轻化"期待论的疑问 ◇

20 世纪 70 年代中期，世界上的主要国家纷纷出现政权交替，国家最高领导者开始更新换代。诸如美国的福特和法国的蓬皮杜等 60 多岁经验丰富的总统引退，取而代之的是卡特和吉斯卡尔·德斯坦 ① 等 50 多岁、相对年轻的总统。虽然也有像苏联的列昂尼德·伊里奇·勃列日涅夫 ② 总书记那样在将近 20 年里始终担任国家一把手的情况，但从整体来看，全世界的国家领导者都出现了年轻化的趋势。

日本的情况却略有不同，尽管日本从 20 世纪 70 年代初期到 80 年代初期的 10 年间一共进行了 5 次政权交替，但政治领导人的年龄却与年轻化的"世界大势"呈现出相反的趋势。也就是说，代替 50 多岁的田中角荣首相登场的是 60 多岁的三木武夫 ③ 首相，在他之后出现的大平正芳、铃木善幸 ④ 两位首相在就职时均接近 70 岁。由此可见，日本的政治领导者在这段时间里反而呈现出明显的高龄化倾向。在内阁交替和改建之际选拔新阁僚时，除了像打出招牌商品那样提拔有特点的年轻人，基本上不会考虑个人的才能与政治能力，而是完全根据当选次数等因素论资排辈，同时维持着派阀的均衡。所以，"甩货"或者"清理积压库存"这种人们心目中绝对不会和阁僚人事联系在一起的词频频出现在内阁选拔中。

众所周知，论资排辈是支撑日本社会至关重要的组织原则之一，在政治领域自然也不例外。结果，有势力的政治领导者普遍高龄化，阁僚自不用说，政党干部和府县知事中无论是保守派还是革新派，大部分人的年龄都超过了普通职员或者国家公务员的退休年龄。就连普通议员中，除了世袭的二代议员和当选为议员的艺人，也不能避免高龄化的倾向。社会党、民社党、共产党等历史悠久的在野党中，议员高龄化的情况同样引人注目。根据 20 世纪 70 年代末的调查，日本国会议员的平均年龄即便是在主要西方先进国家中也都是最高的。众议院议员的平均年龄是 55.5 岁，参议院议员是 56.5 岁，比美国众议院议员高 9—10 岁，比联邦德国议员高 6—7 岁。

政界内外对"老人统治"的倾向自然发起了各种反抗。昭和五十一年（1976 年），洛克希德事件⑤对日本政界造成了巨大冲击，新自由俱乐部⑥诞生，成员倡导各种煞有介事的大义名分，其实换一个角度也可以看作是年轻政治家的反叛。由于自民党内论资排辈的秩序已经固定，他们始终没有出场机会，因此内心焦急。他们主张应该制定退休制度，要求代表和干事长在 55 岁退休，这明显是对"老人统治"的反抗。从后来这项主张完全没有具体实施的事实来看，也许新自由俱乐部已经出现了"老人统治"倾向的萌芽。

尽管新自由俱乐部的人气只在刚刚成立后维持了一小段时期，但考虑到它出乎意料的受欢迎程度，可以明显看出国民对"政治年轻化"的高度期待。特别是在"时代转型期"或者强调"确立新价值观"的时期，"老害"⑦们受到的责难或攻击就会愈发强烈。攻击的主要内容是"老年领导者"头脑僵化，不愿意理解新时代的趋势。"依靠清新的年轻力量进行政治革新"之类的口号在媒体中大受欢迎，他们纷纷运用这些口号向广大群众进行宣传。

在以前三木内阁更迭的时候，自民党派阀中的老一辈政治领导人因为洛克希德事件全部引咎辞职，将领导者的位置让给了年轻一代。对此类事件的评论屡屡成为大新闻，这些评论都顺应了指责"老人统治"的风潮。

但是这种千篇一律的全员忏悔言论已经反复出现过很多次，也许可以说这是符合日本人集体主义倾向的观点。不过说实话，我认为这种观点有些浅薄不负责任，就像是"把洗澡盆里的孩子和脏水一起倒掉"。

然而，在提到"政治年轻化"时，一定会以明治维新作为正面例子。无论在哪个时代，以明治维新为题材的小说和电视剧都层出不穷，因为在那个时代，有众多精力旺盛的年轻人作为政治改革的主角英姿飒爽地登场。西乡隆盛、大久保利通、木户孝允、高杉晋作、坂本龙马等维新领导者在掌握倒幕运动主导权时确实大部分都只有二三十岁。仅从这一点来看，明治维新是依靠年轻人的活力完成的创举，这种通俗观点看起来确实是不容置疑的真理。

但是请等一等，明治维新的胜利绝不等于打倒幕府（或者幕藩体制）。日本在打倒幕府后花费了近 25 年的时间才勉强展现出完善的现代国家姿态。在破坏旧体制的过程中，血气方刚的年轻人略显粗暴的力量确实起到了很大作用，但此后建立新的国家却远比破坏旧有体制困难得多，这是一项需要秉持足够毅力的工作。

当然，年轻而懂得变通的头脑不会被固有观念所束缚，能够积极吸收新事物，是从西方先进国家不断引入新制度、新知识、新技术来推进国家建设的必备条件。但是与此同时，为了将此时必然出现的各种激烈对抗和流血冲突限制在最低程度，维持国家和国民的和谐统一，推进政治变革，思维老练周密的"建设之才"同样不可或缺。从根本上来说，这不仅仅是年龄的问题，更重要的是在政界经验中积累下来的能力。

大久保利通从明治六年（1873 年）打着"内政优先"的口号一举击退征韩派，直至明治十一年倒在不满士族的暗杀中为止，他一直作为政府最有实力的人推进着现代国家的基础建设，当时他的年龄是 43—47 岁（周岁，以下同）。在制定宪法中功劳最大的伊藤博文就任日本第一位内阁总理大臣时是 44 岁，他的阁僚中最年长的大藏大臣松方正义当时50 岁，最年轻的文部大臣森有礼只有 38 岁，阁僚的平均年龄在 45 岁多一点。

现代日本人的平均寿命超过 70 岁，以现代人的眼光来看，当时政治领导者的年轻程度也许令人惊讶。但那是"人生五十年"的时代。日本第一次计算平均寿命是在明治二十四年至明治三十一年，当时男子的平均寿命是 42.8 岁。所以，大久保和伊藤成为现代国家建设的顶梁柱时已经超过这个岁数。放到现在，这样的年龄会被认为还年轻，而在当时已经接近"人生的黄昏"了。这些政治家大部分都经历过幕末动乱的战火，尽管年轻却有着长年的政治经验，都是老练的实干家。他们在信中互相以"翁""老兄""贵兄"等敬称相称，这些敬称确实十分符合他们的阅历。

不局限于破坏旧体制，而将重点放在建立新国家上的话，有关明治维新的领导者，一味强调他们的年轻就未免有失偏颇了。

◇ 元老级领导者的作用 ◇

动乱时代结束后，国内的秩序变得安定。当选拔人才的制度确立后，"不走寻常路的出仕之路"就变得困难，大部分情况下都难以避免领导者的高龄化。毋庸置疑，无论处于哪个时代，通过领导人换代带来的年轻化都是必不可少的。体育界和娱乐界的情况暂且不论，如果因此在政治领域大肆宣扬"年轻"和"清新"将拥有至高无上的价值会怎么样呢？一味追求流行风潮随波逐流，期待"政治年轻化"的论点怎么看都不是健康的现象。

回顾大正时代和昭和时代，在70年的历史中，从桂太郎到铃木善幸，一共出现了39位（战前24人，战后15人）总理大臣，他们组阁时的平均年龄大约是65岁，与明治时代相比，高龄化现象十分明显。令人感到些许意外的是，如果只以大正、昭和时期为例，尽管日本人战后的平均寿命大幅增长，总理大臣的平均年龄在战前和战后却几乎没有差别。

另外，更有意思的是，如果以昭和十一年（1936年）"二二六"事件之后到昭和十六年太平洋战争开战时登场的7位总理大臣为例，他们的平均年龄一下子年轻了很多，只有59.5岁。在这段时期，以昭和最年轻的首相、45岁的近卫文麿（入阁年龄历史上仅次于伊藤博文）为首，年轻的首相层出不穷，比如昭和时期第三年轻的东条英机（56岁），以及排在第五位的广田弘毅（58岁）。

众所周知，这段时期舆论高喊着"非常时期"，要求打破"国内外的危机"，进行强有力的"政治革新"。军部少壮派幕僚和革新官僚等年轻的力量对政府施加压力，抨击"政党政治的腐败"，要求坚决执行"国内各项改革政策"，这是年轻宰相相继登场的背景，近卫便是代表人物。另外，舆论同样将希望寄托在尚未染指政治腐败的既年轻又纯洁的人身上。众所周知，"年轻人无法处理"是军部领导人在反对令他们不满的政策、贯彻自己主张时的惯用伎俩。

太平洋战争即将爆发前，政府已经坚定了开战的决心，在宫中召集重臣说明对美国的谈判过程与开战方针。当时，9名重臣中有6个人反对开战，其中若槻礼次郎[8]（75岁）、冈田启介（73岁）的反对格外强烈。他们反对的根基是"积极开战会让日本迅速陷入贫困，而维持现状会让日本逐渐变得贫困。在逐渐贫困的过程中寻找对策才是恰当之法"。（参谋本部，《杉山笔记》上）

若槻更是对天皇直言，诸如："陛下若只为追寻理想而制定国策，被所谓的建立大东亚共荣圈以及东亚稳定势力之类的理想蒙蔽了双眼，一味倾尽国力，实在过于危险，请陛下务必深思熟虑。"（《木户日记》，昭和十六年十一月二十九日）

日俄战争前，伊藤博文、山县有朋等 60 多岁的元老们，同样地直到最后都在谋取通过外交谈判达成妥协的可能性。虽然新闻界主战论一度沸腾，痛骂他们"懦弱"，他们依然将容易脱离控制的年轻军人和外交官压制到最后阶段。关于此事，前一章已经详细叙述过。

但是在太平洋战争时，重臣们已经无法发挥像伊藤等人那样的影响力，他们态度审慎，主张诉诸外交手段的反对开战论，只是受到恶作剧般主张对美国奋勇开战的青壮年者之流的轻侮。"纵观国家兴亡史，年轻人使国家兴旺，老年人使国家灭亡。重臣们的消极心理已经无可救药，皇国永恒的生命不能寄托在若槻、平沼等年老力衰的人们身上，我们和我们的子孙要战斗到最后一刻。"（《机密战争日志》，昭和十六年十一月二十九日）

参谋本部的少壮派幕僚们在重臣会议上听到反对的声音后，大骂"老人因循守旧敷衍一时"。以上所引文字正是老人们无法控制血气方刚的年轻力量的体现。

现代的反战和平运动家们经常用"决定战争的是老人，被迫参加战争的是年轻人"这种话打动别人，但是回顾太平洋战争开始和结束的经过就会发现，历史事实刚好相反。必须记住，实际决定开战的是年轻力量，艰难地将日本从本土决战的灭亡边缘拯救回来的是年近 80 岁高龄的老首相铃木贯太郎[9]

以及他手下的老人们。

无论如何，日本被这群年轻势力裹挟着，在年轻首相的领导下走向战争的道路，议会政治遭到践踏。想到那段历史事实，我不禁重新思考将希望寄托于年轻与清新上的"政治革新"的终点究竟在何处。

20世纪70年代初，战后最年轻（昭和史上第二年轻）的首相田中角荣标榜着年轻与行动力飒爽登场，在人民大众中获得了空前的人气，甚至被称为"今太阁"。人们没有那么健忘，不会忘记在他的带领下发生了什么。我不禁想到，将举国的期待寄托于年轻而大受欢迎的领导者身上，这其中也许蕴含着极度危险的征兆。

我认为，现实的政治领导者必须具备的素质绝非"能够从清水寺的高台上飞身跃下"——那般急躁的决断能力，而是能够不被眼前剧烈的变化和短暂的人气所迷惑，拥有大局观，能够从长远角度冷静洞察事物背后深刻内涵的老练观察力，以及耐心疏通各方的关节，能够解开盘根错节的利害关系，缓和对立势力的关系，保持组织整体和谐的调停能力。

在日本的传统中，以政治家杰出的个人领导能力制定决策的情况很少，大部分情况下都是由集体共同制定政策。不仅仅是在政治领域，可以说其他各个领域都能看到同样的情况。恐怕这种领导方式和政策决定形式才是最适合日本社会的方式吧。因此，日本社会所必需的是擅长斡旋利害关系的调解型人物，从这个角度来看，不得不说，元老级领导者的作用更加重要。

也许老练的政治家不受媒体的欢迎，在大众中也缺乏人气。但是实际上，当国家处于"危机的时代"，正是这样的老练型政治家才能体现出其真正的价值。

【译者注】

①　吉斯卡尔·德斯坦（1926—2020 年）：法国总统（1974—1981 年）。1954 年进入政界后，多次当选国民议会议员。在戴高乐和蓬皮杜总统执政时期出任经济与财政部长。1974 年当选法国总统。积极推进欧洲一体化，主持起草《欧盟宪法条约》。2003年当选法兰西学院院士。2020 年 12 月因感染新冠病毒去世。

②　列昂尼德·伊里奇·勃列日涅夫（1906—1982 年）：苏联共产党总书记（1966—1982 年），苏联最高苏维埃主席团主席（1960—1964 年，1977—1982 年）。1931 年参加联共（布）。1952 年起 3 次任苏共中央书记。1960 年起任苏联最高苏维埃主席团主席。1964 年起任苏共第一书记。1966 年起任苏共总书记。1976 年获苏联元帅衔。次年起任苏联最高苏维埃主席团主席。

③　三木武夫（1907—1988 年）：日本政治家。曾任自由民主党总裁、第 66 任内阁总理大臣（首相），是日本自民党内最小

派系三木派的领导人。1974 年首相田中角荣因为洛克希德丑闻下台后，通过椎名裁定意外上台，两年后因为治理腐败损害党内大派系利益而被迫下台。专注于净化政界和政治改革，其政治姿态被人称为"绿色三木"。

④ 铃木善幸（1911—2004 年）：日本政治家，第 70 任首相。曾于 1979 年和 1982 年两次访问中国，为恢复中日邦交关系正常化作出了积极贡献。

⑤ 洛克希德事件：发生于 1976 年，与昭和电工事件、造船丑闻事件、里库路特事件并称日本战后四大丑闻事件。洛克希德公司是当时美国最大的飞机制造公司和军火供应商之一，该公司主要是依靠行贿打开国外市场的，因此，美国的许多飞机制造商向美国参议院外交委员会跨国公司小组进行了举报。

⑥ 新自由俱乐部：前身是自民党内以河野洋平为首的亲中派组成的"政治工学研究会"。1976 年，洛克希德事件爆发，前首相田中角荣被捕。同年 6 月 25 日，众议员河野洋平、田川诚一、西冈武夫、山口敏夫、小林正巳和参议员有田一寿宣布与自民党切割脱党，并宣称"自民党的历史使命已经完成"，他们成立新党"新自由俱乐部"，号称"保守政治的刷新"。该党成立后，藤波孝生和桥本龙太郎也宣布加入。

⑦ 老害：该词是对衰退的高龄者的蔑称。在日本，特指年过 70 岁的政治家依然占据国会、地方议会、政府和自治体的重要位置，不顾国民利益，继续参与政治活动的高龄者。

⑧　若槻礼次郎（1866—1949 年）：日本第 25 任和第 28 任首相（1926—1927 年，1931 年 4—12 月）。1945 年向铃木贯太郎进言停战，后作为重臣和平派之一员，参加反对东条英机内阁的活动。著有《古风庵回忆录》。

⑨　铃木贯太郎（1868—1948 年）：日本海军大将，政治家。历任联合舰队司令长官、海军军令部长等职。太平洋战争结束的时候任第 42 任内阁总理大臣。作为和平派的军人，以压制强硬派结束战争获得好评。

◇ 后记一 ◇

无论好坏，日本在明治时期有极为明确的国家目标，即建立一个不输于欧美列强的强国。那是一个上下团结共同奋进的时代。在那段激荡的时代中能够看到激烈的对立和抗争，那都是为了实现共同的伟大目标而上演的一段段情节。本书立足于上述观点，将目标聚焦于活跃在明治舞台的领导者身上，叙述了他们与时代的交集。

各个章节的内容大部分以笔者近些年发表在杂志或其他媒体上的独立文章为基础。在收录的过程中，考虑到前后文的联系，笔者对内容进行了大幅度的修改，甚至更改了标题。

下面将列举各个章节在成书前的原文章名和所刊登文献：

第一章：《对近代日本中"逆贼"的宽容》，《中央公论 历史与人物》十九，1973 年 3 月，中央公论社；

第二章：《近代日本的领导者们》，《日本经济管理学校高级研讨会》五十八，1977 年 7 月，日本经济管理学校；

第三章：《明治国家的建设者——伊藤博文与山县有朋》，笠原一男、鸟海靖编《近代日本的两位主角》Ⅰ，1978 年 9 月，评论社；

第四章：《政党政治的源流——自由党与立宪改进党》，笠原一男、鸟海靖编《近代日本的两位主角》Ⅰ，1978 年 9 月，评论社；

第五章：《明治天皇是提线木偶吗？诸君！》十一，1979 年 11 月，文艺春秋社；

第六章：《山县有朋与日俄战争》，《揭露》二四一，1972 年 4 月，评论社。

◇ 后记二 ◇

　　本书于一年多以前开始整理，出乎我的意料，这份整理的工作很麻烦。毕竟距离我发表这些文章已经过去了好几年的时间，我费了很大功夫，不过依然有并不十分满意的部分。另外，我拖延和懒惰的性格让这本书一直拖到今天才得以面世。在此期间，PHP 研究所第一出版社的宫下研一、松本道明、菱田慎介三位给了我很大的帮助，在此深表谢意。我还要对欣然同意转载以上论稿的各出版社表示衷心的谢意。

　　　　　　　　　　　　　　　　　　　鸟海靖
　　　　　　　　　　　　　　　　　　　1981年12月